知的生きかた文庫

日本の地名　おもしろ雑学

浅井建爾

三笠書房

◇はじめに　地名のミステリーとロマンに迫る本！

地名が生まれたのは、人類が地球上に登場し、言葉を操るようになったのとほぼ同時期ではないだろうか。ほかの動物より力の弱かったわれわれの祖先は、助け合いながら共同で生活し、やがてコミュニティが形成されていった。

生活範囲が拡大するに従って、場所を示す具体的な名前が必要となってくる。「あそこ」「こっち」では、その位置を正確に伝えることができない。そこから、誰にでも通じる符合のようなものが生まれた。それが地名の始まりである。

特に、食料の得られる場所を仲間に伝えたかったはずだ。魚のよく獲れる場所が川の上流にあれば、その場所に「川上」という名前をつけたのだろう。山の麓《ふもと》であれば「山本」「山下」といった地名が生まれ、何か目印になるもの、たとえば大きな松の木でもあれば「松木」「松本」「松下」などという地名が生まれたかもしれない。

集落が大きくなり、建造物がつくられるようになると、橋のある場所では「橋本」「大橋」「小橋」などの地名が、村の鎮守ができれば「宮本」「宮下」などという地名が発生することになる。やがて支配者が現れ、人々を統治するようになると、自然に発生した地名ばかりではなく、政治的、宗教的な色彩を帯びた地名が生まれてくる。

地名に関して、漢字表記は変わっても「音」は変わらない、というエピソードを頭に浮かべる人もいることだろう。たとえば、「ヤマト」という音。「大和魂」「大和撫子」というように、現在では日本そのものを意味する言葉として使われるが、かつては奈良県の国名だったし、それ以前は、近畿地方周辺に暮らしていた人々を指していたと考えられる。

表記では「大和」のほかに「大倭」「倭」「日本」も「やまと」と読むし、『日本書紀』には「夜麻登」が登場する。さらにその前には「邪馬台」があり、卑弥呼の統治した国を「ヤマタイ国」ではなく「やまとのくに」と呼ぶ学者が少なくない。

島根県と接する鳥取県西部の南部町には「倭《やまと》」という町名が残されている。南部町倭の場所は以前の大国《おおくに》村であり、合併によって現在の地名になった。この地域には出雲大社の祭神であり、因幡の白兎で有名な大国主命《おおくにぬしのみこと》にまつわる故事や地名が多い。

大国主命は、自ら治めていた葦原中国（あしはらのなかつくに）を天照大神《あまてらすおおみかみ》の使者に献上する「国譲り」をしたとされる人物。であれば「ヤマトのルーツはこのあたりにあり、葦原中国の住人がヤマトではないか」という推理が俄然働く。「大和」という地名ひとつをとっても、ワクワクするほどのロマンが潜んでいるのである。

地名はこれほどまでに人間の営みを物語ってきたのだが、明治以降の150年で伝統ある地名が激減し、また、旧来受け継がれてきた「音」や「文字」とは関係のない地名に置き換えられた。これを、機能的になったと感じるか、残念だと感じるか。

本書をお読みいただいて、地名の面白さ、奥深さを感じていただき、地名の意義を再確認していただければ誠に幸いである。

浅井建爾

◎目次

第1章　あっと驚く珍名、奇名、難読地名

第2章 日本各地に共通する、地名の不思議

第3章 地名に隠された、日本のルーツと文化

第4章　日本各地に息づく、独特な地名の謎

第5章 地名を見れば、その土地の自然と地形がわかる

第6章 歴史の足跡を今に残す、建造物、職業、人名にちなむ地名

第7章

47都道府県名と旧国名、県境のウラ事情

第8章 平成の大合併で地名はどう変わった？

編集協力／寺島豊（安曇出版）
本文DTP／フォレスト

第1章

あっと驚く珍名、奇名、難読地名

1 地名は謎だらけだから面白い！

地名の成り立ち

全国には、1000万とも2000万ともいわれる膨大な数の地名があるが、その多くは由来がはっきりしていないというのが実情である。特に古代からある地名のほとんどは解明されていないといってもよい。

というのも、地名が発生した当初はまだ文字がなかった。人々はその土地の目印となる名前を、もっぱら音声で伝え合っていたに違いない。いわゆる口承地名といわれるものである。後世になって知識人たちが、その発声音に文字を当てた。おそらく、初めはその地名を意味する漢字が使われたのだろうが、年月の経過とともに次第に転《てん》訛《か》（語の本来の発音がなまって変わること）していった。

また、その土地の権力者が、「この文字は気に入らない」「縁起がよくない」として、別の文字に換えた可能性も十分考えられる。そのため、その文字からだけでは地名の由来をさかのぼることができない。

言語学者や地理学者、民俗学者、歴史学者などは、それぞれの研究分野で地名の解明に取り組んでいるが、その多くは推測の域を脱していない。言語学者はその文字や発生音から語源を探ろうとするだろうし、地理学者は自然や地形に重点を置く。民俗学者や歴史学者は、その土地の文化や歴史的背景から解明の手がかりを探し出そうとするに違いない。

このように、それぞれの分野で、それぞれの視点から語源を求めようとするから、地名の由来に諸説が生まれるわけだ。もちろん、それぞれもっともらしい根拠がある。したがって、どの説が正しくてどの説が誤りなのかを判断することはきわめて難しい。

地名の語源探究は、その地方の歴史を知るヒントにもなりうるだけに、地名を保存することは大切なことだし、この先、学問の一分野としての「地名学」が確立されることが望まれる。

とはいえ、堅苦しい話は後回しにして、まずは面白おかしく謎多き地名から見ていくことにしよう。

2 上下駅、前後駅……対になった地名のアレコレ

対の地名

上下、左右、大小、強弱、遠近、内外、寒暖というように、対になった言葉は数多いが、それが地名になることがある。

広島県府中市の北部に、上下町《じょうげちょう》という地名がある。2004年の合併以前には自治体としての上下町があり、山陽道と山陰道を結ぶ交通の要衝だった。上下は「峠」の意味。坂道を上下して人々が行き来したことが由来だという。名古屋鉄道には「前後駅」（愛知県豊明市）があるが、名前の由来は明らかではない。

山形県の最上川が緩やかに流れ始めるあたりに大江町《おおえまち》があり、そこに「左沢《あてらざわ》」という地名がある。普通の人には難読地名だが、北山形駅から左沢駅まで左沢線が敷かれており、鉄道ファンには有名だ。左沢は、その東に位置する寒河江《さがえ》城主の大江氏が左の沢を指して「あちらの沢」と言ったことに由来するという言い伝えがある。左沢が

あれば右沢があってもおかしくないが、少なくとも現在その地名は残されていない。また、「あてら」とは日陰を意味し、左沢は日の当たらない沢のこと。一方、右沢は日当たりのいい沢に当たり、「かてらざわ」とも読まれる。

東京都青梅市には、日当たりの良い悪いでついた地名がある。江戸時代に和田山の地区が分割されたとき、山の南側の集落を「日向《ひなた》和田」といい、多摩川対岸の日当たりの良くない集落を「日影和田」といった。しかし、日影はイメージが悪いとして1967年に、日影が削られて和田町になった。

山の向こうとこちらという点では、奈良と京都もそうだ。7世紀後半、律令国家体制の整備に伴い行政区分ができあがる時代のこと。当時、日本の都は奈良（大倭《やまと》、山処《やまと》→大和）にあり、その北側である奈良山の向こうは「山背《やましろ》（山代）」と名づけられた。しかし、その後京都に都が移されると「背」では縁起が悪いのか、「山城」が当てられるようになった。

なお、奈良市には陰陽《いんよう》町という地名があるが、日当たりに関する地名ではなく、陰《おん》陽師《みょうじ》の居住地があったことにちなむ。

3 「女」だからといって、女性を指すとは限らない

「女」のつく地名

地名を調べていると、「女」のつく地名が多いのが気になる。地名にも色気があったほうがいいのか、それとも地名をつけたのがほとんど男だったのか。実際には、地名の語源は必ずしも女性のことを意味するのではなく、転訛したところへ「女」の字を当てた地名も多いようだ。

茨城県牛久市にある女化町《おなばけちょう》は、農夫に助けられた狐が、女に化けて恩返しに来たという伝説に由来する。狐は農夫の妻となり、3人の子どもをもうけて山へ帰っていくという話だ。

宮城県の牡鹿半島の基部に位置する女川町《おながわちょう》は、平安時代半ば、安倍貞任《あべのさだとう》が前九年の役で源氏軍と戦った際に、味方の婦女子を安野平《あのたいら》に避難させたことから、その川を女川と呼ぶようになったとされる。

福岡県八女《やめ》市は古代からの地名である。景行天皇がこの地を訪れたとき、遠くに連なる美しい山々を指差し、あそこに神はいるのかと尋ねたところ、近くにいた者が、「あそこは八女津媛《やめつひめ》という神が住んでいます」と答えた。そこから、この地を八女というようになったといわれる。

京都府向日《むこう》市には「物集女《もずめ》」という風変わりな地名がある。これは物が集まるところ、すなわち物資の集散地に由来するという説が有力だ。

箱根外輪山にある乙女峠は、峠の下に置かれた番所に、警護のために武士がとどまったことから御留《おとめ》峠といい、それに乙女峠の文字が当てられたものと思われる。

「美女」のつく地名も多い。美女峠、美女平、美女岳、美女谷、美女原、美女坂、美女川等々。なかでも有名な地名が、高速道路のジャンクションがある埼玉県戸田市の美女木《びじょぎ》だろう。19世紀初めに編纂された『新編武蔵風土記稿』によると、「いとおぼつかなき説」としたうえで、京都から来た美しい女官が住んだことに由来するとしている。他の美女地名はなぜか山間地域に多く、そこには決まって美女伝説が残されている。

4 サカリから帯や腰巻まで、ちょっと官能的な地名

艶っぽい地名

徳島県阿南市に、「十八女」と書いて「サカリ」と読む地名がある。18歳の女性を「女盛り」というにはまだ年季が足りないし、ひょっとして色気づくの「サカリ」だろうかと変な勘ぐりもできる地名だ。

ところが、サカリは「下がり」の意で、それに「十八女」を当てたものらしい。では、なぜ十八女なのかというと、この地には平家の落人伝説が残されていて、ここの住人が姫君をかくまって、18歳まで育てたのだという。さらに、その姫君とは壇ノ浦で源氏に敗れて入水した安徳天皇で、実は女性だったという説もある。岩手県の大船渡市にも「盛《さかり》」という地名があるが、語源は十八女と同じである。

色っぽい地名はまだある。滋賀県の守山市に、浮気《ふけ》という地名がある。字面は「ウワキ」だが、決して浮気っぽい女性にまつわる地名などではない。

フケは湿地を意味する語で、それに「浮気」の字を当てただけの話だ。また、フケには「深い」「崖」の意味もある。フケは、布気、婦気、布計、福家なども書き、この地名は全国各地にある。また、浮気に対して小浮気《こぶけ》もある。茨城県取手市にある地名で、「小さな湿地」を意味した地名である。

「帯解《おびとけ》」という艶《なまめ》かしいことを連想させる地名が奈良市にある。かつては帯解町だったが、1955年に奈良市に編入され、奈良市内の行政地名にも残らなかったが、JRの駅と寺名で残っている。帯解寺は安産の守り神として厚い信仰を集めているが、この帯解、幼児がそれまでの付帯を外し、初めて帯を用いるお祝いの儀式の「帯解き」に由来した地名だと思われる。

帯に関連して、「腹帯《はらたい》」という地名が岩手県宮古市にある。妊婦が下腹に巻く腹帯《はらおび》のことではない。墾帯《はらたい》が語源で、暖傾斜地を開発してつくった平地を意味する地名だといわれる。「墾（はり）」とは開墾というように、土地を切り開くことをいう。

また、日本各地には昔の女性下着である「腰巻」の地名も数多く残っている。腰巻のように高くなった土地を指すことが多い。

5 「生野」はもともと「死野」。縁起をかついで反転する地名

兵庫県北部の中国山地にある朝来《あさご》市。2005年4月、朝来郡の朝来町・生野町・和田山町・山東町が合併して誕生した。現在では「天空の城」「日本のマチュピチュ」とも呼ばれる竹田城がすっかり有名になったが、古くは平安初期に開鉱したと伝えられる生野《いくの》銀山で栄えた。

生野銀山のあった旧生野町は、古くは「死野《しにの》」という地名だった。8世紀前半に編纂された『播磨国風土記』によると、このあたりには往来する人々を殺す凶暴な神がいて、そこからこの地を死野と呼ぶようになったという。しかし、死野では縁起が悪いからと、生野へと改称されたのである。同様に、大阪市の生野区も、もともとは死野だったとされる。

その大阪の生野も、死のイメージを回避した表記に変えられた例の1つだ。江戸時

雪形の現れる主な山

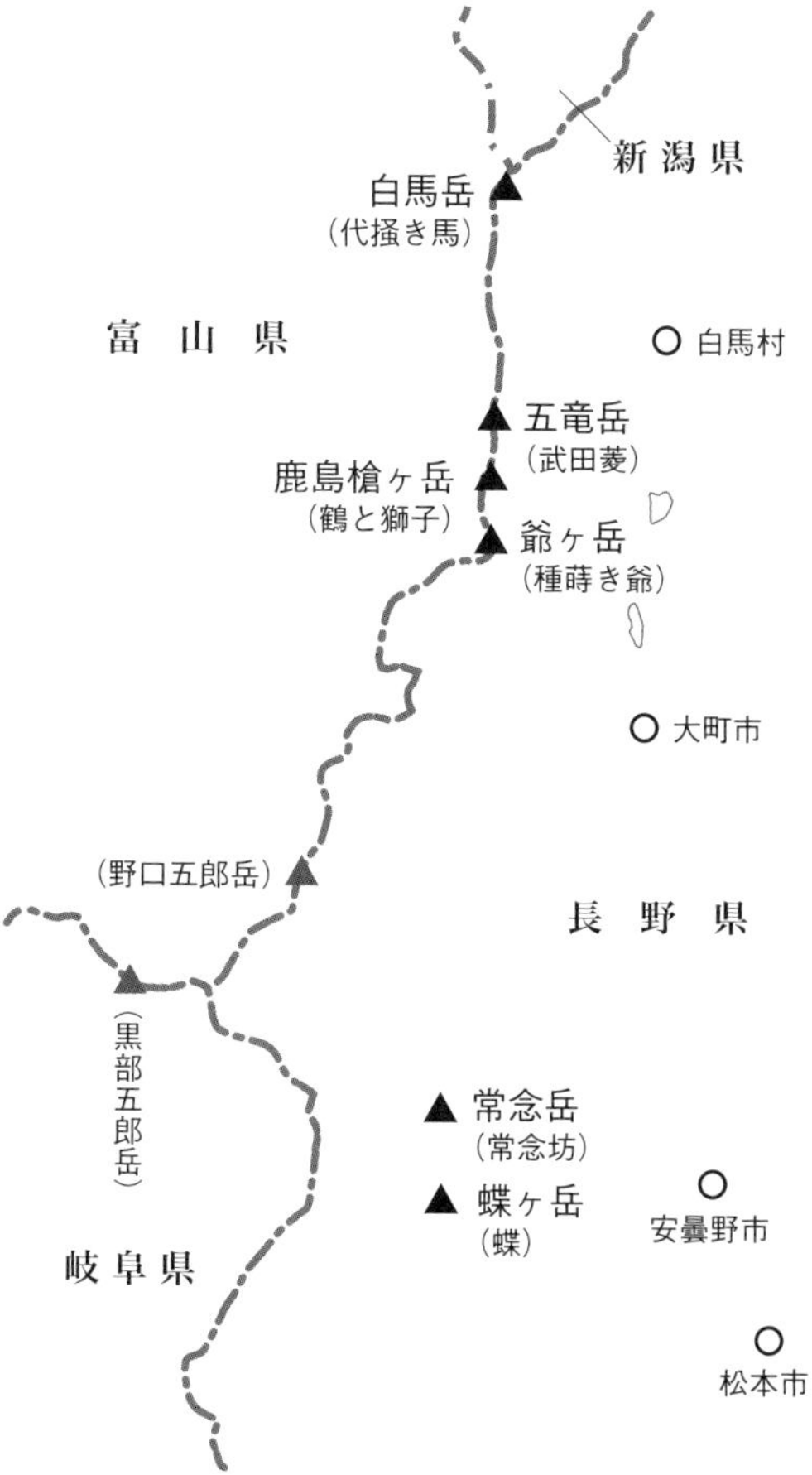

新潟県
白馬岳
(代掻き馬)
富山県
白馬村
五竜岳
(武田菱)
鹿島槍ヶ岳
(鶴と獅子)
爺ヶ岳
(種蒔き爺)
大町市
(野口五郎岳)
長野県
(黒部五郎岳)
常念岳
(常念坊)
蝶ヶ岳
(蝶)
安曇野市
岐阜県
松本市

代までは「大坂」が使われていたが、明治維新の際に「大阪府」と改められた。「坂」は「土に反《かえ》る」から縁起が悪いというのが理由だが、「士」族の「反」乱を忌み嫌う意味もあったとされる。同様に、三重県の松阪牛で有名な松阪も明治になって以前の「松坂」から改められた。実は明治以前でも住吉大社石灯籠に「大阪」とあったり、本居宣長の書物に「松阪」とあるなど、今ほど表記に厳格ではなかったようだ。

反転という意味で、北アルプスの北端にそびえる白馬岳は、黒から白になった例である。村名や駅名は「ハクバ」だが、正式名はあくまでも「シロウマ岳」である。

この山名は、春になって雪が解け始めると、残雪が馬の形となって現れる雪形《ゆきがた》に由来する。ところが、雪形として現れる形は残雪の白ではなく土の黒の部分で、白馬ではなく黒馬のはずだ。なぜ白馬岳というのかというと、黒より白のほうがきれいだからというわけではなく、農民たちは雪形を農事の暦としていたことによる。

馬の形状が現れる時期を目安にして、苗代《なわしろ》づくりを始めたことから、代掻き馬が現れる山の意味で名づけられた。本来「白」ではなく「代」であり、「代馬」に「白馬」の文字が当てられたのである。

6 気味の悪い「人首町」「鬼の舌震」は意外に怖くない!?

字面を見ただけで、鳥肌が立つような謎めいた地名も少なくない。温泉とこけしで有名な宮城県の旧鳴子《なるこ》町に「鬼首《おにこうべ》」という地名がある（現・大崎市鳴子温泉鬼首）。「鬼切部《おにきりべ》」から変化したとされるが、11世紀半ばの前九年の役で、敵の首を切り落とした地という説もある。

岩手県奥州市の旧江刺《えさし》市内には「人首町《ひとかべまち》」という気味の悪い字名《あざな》がある。平安時代初期、坂上田村麻呂に敗れた蝦夷の酋長の子、人首丸《ひとかべまる》の伝説に由来する。首は「かうべ（こうべ）」とも読み、それが縮まって「かべ」になったという。

秋田県大仙市には、「強首《こわくび》」という地名がある。これは人の首とは関係のない地名だ。強《こわ》は「壊」で崩壊地、首《くび》は「くびれたところ」で、曲がりくねった川の崩壊地を指す地名だといわれる。

岩手県の釜石市と大船渡市の間の三陸海岸には、「死骨崎《しこつざき》」という岬がある。死体の骨でも埋められていそうな地名だ。これは北海道の支笏《しこつ》湖と同じ語源で、アイヌ語の「シコツ」（大きな窪地）に由来する。

栃木県を南北に流れる川は「鬼が怒る川」と書いて鬼怒《きぬ》川と読む。鬼怒川は江戸時代に利根川が改修されてからは利根川の支流となったが、以前は関東平野最大級の大河だった。栃木・群馬両県の地域はかつて毛野国《けぬのくに》と呼ばれ、鬼怒川も古くは毛野《けぬ》川とも表記した。

鬼のつく地名で極めつきは、島根県奥出雲町にある「鬼の舌震《したぶるい》」だろう。この地名は斐伊《ひい》川支流の大馬木《おおまき》川に発達した渓谷名で、国の名勝・天然記念物にも指定されている。その由来は、玉日女命《たまひめのみこと》を慕って、ワニ（サメのこと）が大馬木川を遡ってきたところ、岩に阻まれて逢えなかった、という伝説から生まれた地名だ。「ワニの恋《した》ぶる」が「オニノシタブルイ」に転訛したとされる。このあたりには戀山《したいやま》という山もある。先人たちが、転訛した発音にとんでもない漢字を当ててしまったものだから、このような不思議な地名も生まれるわけだ。

ちょっと不気味な地名

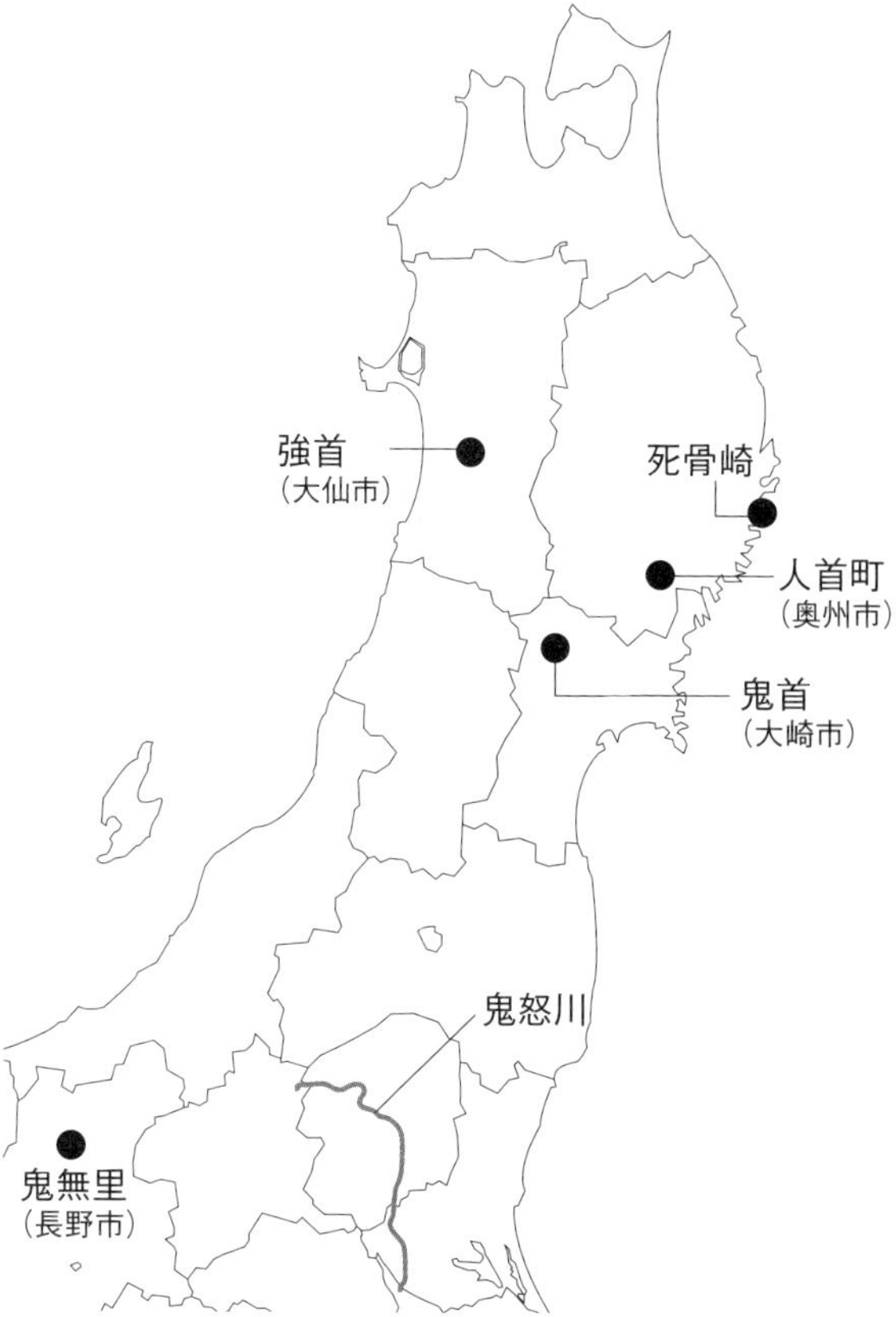

強首
（大仙市）
死骨崎
人首町
（奥州市）
鬼首
（大崎市）
鬼怒川
鬼無里
（長野市）

伝説に由来する地名

7 鬼退治の伝説が残る「鬼無里」村

不思議な地名はまだまだある。福井県あわら市の旧金津町に、「嫁威《よめおどし》」という奇妙な地名がある。嫁をいびるのは姑と相場は決まっているが、この嫁威でも嫁を威していたのは、やはり姑であった。

信心深い嫁は毎夜のように説教を聞きに寺に出かけたが、それを快く思っていなかった姑は、鬼の面を被って嫁を待ち伏せして脅した。ところが、説教を聞いて心が清められている嫁に、この脅しは通用しなかった。それどころか、姑の顔から鬼の面が外れなくなってしまったのである。嫁はそんな姑を責めることもなく、念仏を唱えると鬼の面は見事に外れた。それ以来、嫁と姑は仲良く暮らしたという微笑ましい伝説が、嫁威の地名の由来なのだという。

伝説には鬼がよく登場する。前項のように「鬼」のつく地名は全国に多くあるが、鬼にまつわる伝説が残されている地名も少なくない。長野市の西部には鬼無里《きなさ》（旧・鬼無里村）が、香川県高松市に鬼無町《きなしちょう》という地名がある。どちらにも鬼退治の伝説が残っている。

長野市の鬼無里は平維茂《これもち》による鬼女退治と、天武天皇の命を受けた阿倍比羅夫《あべのひらふ》の鬼退治の2つの伝説があり、いずれも里に鬼が無くなったことから「鬼無里」と呼ぶようになった。高松市の鬼無は、桃太郎が鬼ヶ島に鬼の征伐に出かけ、そこから逃れた鬼を追いかけてこの地で退治したという伝説にちなむ。

しかし、本当は双方の地名とも鬼には関係がなく、鬼無里も鬼無も「木」が語源で、木のないところ（木無）、あるいはその逆で、木が多く茂っているところ（木成）とする説がある。

このように地名の字面から伝説が生まれることはよくある。たとえば、福井県を流れている九頭竜《くずりゅう》川の語源は「崩れ川」、それが転訛して「九頭竜」の文字が当てられ、9つの頭を持つ竜がこの川にすんでいたという伝説ができたというわけである。九頭竜伝説は箱根や千葉県の鹿野山など、日本各地に残されている。

8 これぞ難読地名、「一口」「間人」を読めますか？

難読地名の両横綱

難読地名の代表例として「一口」という地名がある。京都市の南に接する久御山町《くみやまちょう》にある地名で、これは「ひとくち」ではなく、「いもあらい」と読む。どうしてこんな地名が生まれたかについては諸説ある。

一説には、一口という文字は、新たに水路や堰《せき》、堤を築いたりして、水の出入り口をつくることにちなむ。

「いもあらい」の読みは、清めることを意味する「斎《い》む・忌《い》む」、および疱瘡《ほうそう》（天然痘）を意味する「いも・へも」と、「新《あら》い」「洗い」「祓《はら》い」などが合体し、「いむあらい」となり、後に「いもあらい」となったという。

「一口」地域では洪水がしばしば起きて疫病が流行ったため、堰や堤防を新たに建設し、一方で疫病退散のお祓いをした。これがいつしか「いもあらい」と呼ばれるようになったというわけだ。

東京にも「一口」がある。JR市ケ谷駅東側に「一口坂」があり、都営バスの停留所には「ひとくちざか」と書かれているが、かつては「いもあらいざか」と呼ばれた。JR御茶ノ水駅東口の東にある淡路坂も「一口坂」の別名がある。また、六本木交差点の南側にも「芋洗坂《いもあらい》」がある。これも昔は「一口坂」と書いたという。いずれも「疱瘡のお祓い」が語源で、それが「いもあらい」になったという。

「間人《たいざ》」も難読地名として名高い。間人は京都府京丹後市（旧・丹後町）の中心集落で、古くから大陸との交易があった漁業の町だ。間人は聖徳太子の母、穴穂部間人（あなほべのはしひと・〜はしうど）皇后に由来する。

間人皇后は蘇我氏と物部《もののべ》氏の争いを避けてこの地に逃れてきたが、やがて戦乱は治まり、斑鳩《いかるが》に戻ることになった。間人皇后は、手厚くもてなしてくれた村人への感謝を込めて、住み慣れたこの地を去る際に自分の名を贈った。しかし、村人は皇后の名を呼び捨てにするのは畏れ多いとして、この地を退座《たいざ》したことにちなんで「たいざ」と呼ぶようになったという。

9 「オモシロ」くて「ムカツク」!? ユニークな地名

地名の面白さは、普通は字面や発音なのだが、地名そのものに「オモシロナイ」「オカシナイ」があるから驚く。「驚」という地名まであるからなおさら驚きだ。

「驚《おどろき》」は、千葉県の太平洋岸に面した白子《しらこ》町《まち》と長生《ちょうせい》村にある。何かに驚いたことが地名の由来ではない。海岸に打ち寄せる波の轟《とどろ》きが「オドロキ」に転訛し、それに「驚」の字が当てられたものと考えられる。山形県小国町《おぐにまち》にも「驚《おどろく》」の地名がある。

「面白内《おもしろない》」は、石狩川の中流、雨竜《うりゅう》川が石狩川に合流するあたりに開けた雨竜町にある地名で、アイヌ語で「川尻に島のある川」を意味するオ・モシリ・ナイに由来する。

「笑内《おかしない》」という地名は、秋田県中北部の北秋田市にある。アイヌ語で「川尻に仮小屋のある川」を意味するオ・カシ・ナイに由来し、秋田内陸縦貫鉄道に笑内駅がある。

北海道の渡島半島にある乙部町《おとべちょう》にも、可笑内《おかしない》という海岸と川の地名がある。

「面白《おもしろ》」という小地名もある。芭蕉の句で有名な山形市の山寺（立石寺）の玄関口には、ＪＲ仙山線の山寺駅があるが、その東隣が面白山高原駅である。オモシロとは「思代」で、水の絶えない田代を意味する地名だという。宮城と山形の県境には面白山がある。房総半島の山間部にある千葉県大多喜町にも、「面白《おもじろ》」という地名がある。

腹立たしいことを「むかつく」というが、それが地名にもなっている。山口県長門市、日本海に突き出した向津具《むかつく》半島の先端に向津具という集落がある。ムカツクは向《むかつ》国《くに》が簡略化されたもので、「半島の先端にある地」を意味する地名だという。

南蛇井《なんじゃい》――これまた奇妙な地名だ。群馬県富岡市にある。トントンと戸を叩いたら、いかつい顔をしたオヤジが、「ナンジャイ！」と不機嫌そうに出てきそうな地名だ。平安時代中期の辞書『和名類聚抄《わみょうるいじゅしょう》』には現在の富岡市に当たる那射《なさ》郷があり、南蛇井村があった。南蛇井は那射井《なさい》が転訛したもので、暖傾斜地を意味する語だという。こちらも上信電鉄に南蛇井駅がある。

最後に、極めつきの地名が静岡県川根本町《かわねほんちょう》にある。その名も「地名」と書いて「じな」と読む。大井川鉄道に地名駅があり、こちらも鉄道ファンには外せない名前だ。

ちょっとヘンな地名

10 「ハゲ」「ケチ」「キライ」――悪口みたいな地名がある

過去に何度も改名された地名は多い。縁起の悪い地名や、ヘンなことを連想させる地名だと、改名したくなる気持ちはわかる。だが、由緒ある「おかしな」地名を残し続けている自治体には拍手を送りたい。

秋田県由利本荘市（旧・大内町）に、「及位《のぞき》」という地名がある。ここに住んでいる人は、のぞきの趣味があるのではないかと思われそうで、同情したくなる。

高知県四万十市（旧・西土佐村）には「半家《はげ》」という地名がある。このほかにも、羽毛、羽下、禿などと表記する「ハゲ」が各地にある。髪の薄い人には悪いが、つい笑いたくなるような地名だ。この地名の反対が、北海道留萌《るもい》管内にある増毛町《ましけちょう》だろう。

ちなみに、両方とも以前はＪＲの駅（予土線・留萌本線）があり、ハゲ発増毛行の切符を買うことができたが、２０１８年に増毛駅が廃駅となった。

長崎県対馬市にある「鶏知《けち》」は、誰からも敬遠されそうな地名だ。もちろん、しみったれの「ケチ」とはまったく関係のない地名である。広島県呉市の「御手洗《みたらい》」は名字にも多いので、これを「オテアライ」と読んで平然としているのは恥ずかしい。瀬戸内海によくある地名だ。

岡山県津山市に「押入《おしいり》」という物騒な地名がある。押入り強盗にはくれぐれも注意したいものだ。物騒な地名といえば、京都市中京区にある「百足屋町《むかでやちょう》」。百足売りを商売にしているわけでもあるまい。

気味悪い地名といえば、「下呂《げろ》」もある。下呂温泉は温泉地として有名なため、特に気にもとめないが、酔っ払ったときを連想させる地名である。

宮城県大崎市に、「尿前《しとまえ》」(鳴子温泉尿前)という今にも尿意を催してきそうな地名があるかと思えば、群馬県前橋市には「鼻毛石《はなげいし》」という不潔そうな地名もある。

徳島県には「喜来《きらい》」という地名が30カ所以上ある。また、香川県東かがわ市にも「帰来《きらい》」という地名がある。由来には、開拓の人々が寄り集まった「寄来」、地形的な「崎来」などの説がある。

11 「一尺八寸山」に「十八鳴浜」、その読み方の由来は？

要トンチの難読地名

難読地名の中でも、特に数字を使った地名は難解だ。単に数字を読めばいいのではなく、トンチを利かせなければならない。

たとえば「一尺八寸山」。これを「みおうやま・みおやま」と読める人がどれだけいるだろうか。大分県中津市を流れる山国《やまくに》川の上流、耶馬溪《やばけい》の近くにある標高707mの山だが、地元では三尾山とも表記する。この山で3頭のイノシシを捕らえ、尾を1本につないで測ったら一尺八寸あったというのが由来という。

宮城県気仙沼市にある三陸海岸の島、大島に十八鳴《くぐなり》浜という美しい砂浜がある。歩くと「クックッ」と砂が鳴き、九《く》と九《く》を足すと十八になるからだそうだ。これと同じ法則（？）に、秋田県由利本荘市の旧本荘市内に「二十六木《とどろき》」という地名がある。二十は十と十で「トド」、それに六木を「ロキ」と読んで「トドロキ」だ。川の流れが轟いていたことに由来する。

島根県出雲市の日本海側に「十六島鼻《うっぷるいばな》」というとんでもない読みの地名がある。7世紀半ばに、唐の都・長安から朝鮮半島・百済の吾根《うりぶり》を経て日本に般若経を伝えようとした船が、十六島に上陸したという伝説にちなむという。「十六島」の地名は守護神「十六善神」によるとされるが、定かではない。般若経とともに「十六島紫菜《のり》」が伝わり、現在も十六島鼻は海苔の産地として有名である。「鼻」は岬の意味だ。

千葉県市原市に「廿五里《ついへいじ》」という地名がある。「廿」の漢字は「十」を2つ横につなげた「二十」を意味する。廿五里は養老川の土手に土を築いた築地《ついじ》が転訛したのが音の語源だが、表記は鎌倉から25里あることから当てたという。石川県の中能登町には「廿九日《ひづめ》」という地名がある。旧暦ではひと月が29日か30日だったので、29日は「日が詰まる」からである。

金沢市にある「四十万《しじま》」は、四国を流れる四万十川と間違えやすいが、十と万の字が逆だ。普通に読めば「シトマ」、あるいは「シジュウマン」。ただし、これはトンチではないので、何とか読めるかもしれない。

第2章

日本各地に共通する、地名の不思議

1 町は町でも、関西に「まち」はなく、関東に「ちょう」はない

「町、村」の読み方

日本を二分する関東と関西。両者はことあるごとに比較対照され、あれこれと論じられてきた。中心都市の東京と大阪の距離は500㎞あまり、新幹線に乗れば2時間半という近さである。にもかかわらず、両者にはさまざまな文化の違いが見られる。

いろいろな東西文化の境界のほとんどが富山、岐阜、愛知の3県のどこかを結んだ線上にある。あるいは、静岡県静岡市と新潟県糸魚川市を結ぶフォッサマグナ西縁よりも西側で、古代三関（さんげん・さんかん）、すなわち東海道の伊勢国（三重県）鈴鹿関、東山道の美濃国（岐阜県）不破関《ふわのせき》、北陸道の越前国（福井県）愛発関《あらちのせき》よりも東側ともいえるだろう。そして、両線の間が東西文化の混在地域であり、北海道と九州・沖縄は、東京と大阪から遠く離れているために、両地域の文化の影響をあまり受けなかった地域と考えてよさそうだ。

地名についてはどうか。自治体の町を「まち」と読むか「ちょう」と読むかで、関東と関西では明確に分かれている。

関東7都県はすべて「まち」で統一されているし、近畿7府県はすべての自治体が「ちょう」である。全体で見ると、静岡、愛知、岐阜、福井から西が主に「ちょう」と読み、東側の地域が「まち」である。ただし、北海道は129町のうち、「まち」と読むのはイカめしの駅弁で有名な森町だけで、ほかはすべて「ちょう」。東北地方では福島県を除く5県で混在しているが、秋田県では以前はすべて「まち」だったところ、平成の大合併で誕生した3町がすべて「ちょう」を名乗っている。

近畿以西の西日本では、島根県を除く中国地方4県と四国地方4県はすべて「ちょう」だが、九州に渡って福岡県・大分県・熊本県では俄然「まち」が多数派になる。

では「村」は「むら」なのか「そん」なのか。大多数の都道府県ではすべて「むら」と読み、なかには平成の大合併によって村自体が消滅した県もある。それに対して、沖縄ではすべてが「そん」。ほか、鳥取県、岡山県、徳島県の南北ラインと宮崎県、鹿児島県で「そん」が見られる。なお、鹿児島の「そん」は奄美大島の村である。

読み方による町村数

都道府県名	まち	ちょう	むら	そん
北海道	1	128	15	0
青森県	19	3	8	0
岩手県	6	9	4	0
宮城県	11	9	1	0
秋田県	6	3	3	0
山形県	18	1	3	0
福島県	31	0	15	0
茨城県	10	0	2	0
栃木県	11	0	0	0
群馬県	15	0	8	0
埼玉県	22	0	1	0
千葉県	16	0	1	0
東京都	5	0	8	0
神奈川県	13	0	1	0
新潟県	6	0	4	0
富山県	4	0	1	0
石川県	6	2	0	0
福井県	0	8	0	0
山梨県	1	7	6	0
長野県	22	1	35	0
岐阜県	0	19	2	0
静岡県	1	11	0	0
愛知県	0	14	2	0
三重県	0	15	0	0
滋賀県	0	6	0	0

都道府県名	まち	ちょう	むら	そん
京都府	0	10	1	0
大阪府	0	9	1	0
兵庫県	0	12	0	0
奈良県	0	15	12	0
和歌山県	0	20	1	0
鳥取県	0	14	0	1
島根県	1	9	1	0
岡山県	0	10	0	2
広島県	0	9	0	0
山口県	0	6	0	0
徳島県	0	15	0	1
香川県	0	9	0	0
愛媛県	0	9	0	0
高知県	0	17	6	0
福岡県	28	1	2	0
佐賀県	1	9	0	0
長崎県	0	8	0	0
熊本県	20	3	8	0
大分県	3	0	1	0
宮崎県	0	14	0	3
鹿児島県	0	20	2	2
沖縄県	0	11	0	19
合計	277	466	155	28

※北方領土6村を除く　(2021年1月1日現在)

2 谷の読み方——関東は「や」、関西は「たに」

「谷」のつく地名

日本の面積は狭い。だが、その領域は驚くほど広い。日本列島の北端から南端までの距離は、イギリス北端からフランス、スペイン、地中海を通り抜けて、アフリカの北部にまで達する距離に相当する。

しかも日本は、ほぼ単一民族で言語が1つだが、山が交通の障害になり、各地で独自の文化が育まれ、方言も生まれた。今でこそ方言が標準語化されつつあるが、ひと昔前までは、東北の人と九州の人が話をしても、まったく通じなかったという。

基本的に地名はその地方の方言で表現される。したがって、地名に地域的な特色が表れることになる。

よく例に出されるのが、「谷」である。起伏に富む地形の東京には、渋谷、四谷、市ヶ谷、千駄《せんだ》ヶ谷など「谷」のつく地名は多いが、これらはすべて「や」と読む。そのほかにも、越谷・熊谷・深谷・鳩ヶ谷（埼玉県）、保土ヶ谷（神奈川県）、鎌ヶ谷（千葉県）、小千谷《おぢや》（新潟県）、岡谷（長野県）など、東日本では谷を「や」と読む。

西日本では「谷」のつく自治体名は少ない。小地名（市町村名の字《あざ》）では谷町・滝谷（大阪府）、伊川谷・押部谷・谷川（兵庫県）、大谷・長谷野《ながたにの》（滋賀県）、長谷《ながたに》（広島県）、柳谷（愛媛県）、池谷（徳島県）、通谷《とおりだに》（福岡県）など、いずれも「たに」と読む。

もちろん、東日本でも東京の鶯谷《うぐいすだに》や茗荷谷《みょうがだに》のように「たに」と読む地名もあるし、西日本でも祖谷《いや》（徳島県）、油谷《ゆや》（山口県）、青谷《あおや》（鳥取県）などのように「や」と読む地名もある。

したがって、厳密に「や」と「たに」の分布に境界線があるとはいえないが、前項の「まち」と「ちょう」同様、富山、岐阜、愛知の3県を境に、東日本には圧倒的に「や」が多く、西日本は「たに」が多いのは確かだ。「たに」「や」以外では、神奈川県に扇ガ谷《おうぎがやつ》（鎌倉市）、小谷《こやと》（寒川町）など、「やつ」「やと」と読む地名が見られる。自治体名では、小谷村《おたりむら》（長野県）、読谷村《よみたんそん》・北谷町《ちゃたんちょう》（沖縄県）がある。

3 年月とともに、変化してきた地名「日光」「六甲」

地名は転訛する

地名が発生してから現在に至るまで、その地名がまったく変わることなく受け継がれてきたケースはむしろ稀で、多くの地名は長い年月を経る間に転訛してきた。まるで似ても似つかない地名に転訛している例はけっこう多い。その代表的なものとしてしばしば紹介される地名に、栃木県の「日光」がある。

日光には、二荒《ふたら》山《さん》神社という由緒正しい神社が鎮座している。この二荒山神社の奥宮が、中禅寺湖の北にそびえる男体山《なんたいさん》の山頂にある。男体山は別名を二荒山ともいう。782年に勝道《しょうどう》上人が開山したときは補陀落《ふだらく》山といい、それが二荒山に改称された。補陀落は梵語の「ポタラカ」がなまったもので、観世音菩薩が住む山とされている。

さて、その「二荒」を弘法大師が「ニコウ」と音読みし、それに「日光」の文字を当てたというのが定説になっている。

日光に似たケースはほかにも数多くある。よく知られているのが、港町神戸の北側にそびえる六甲山と、その東側を流れる武庫《むこ》川の関係だ。武庫川は丹波高地を発して大阪湾に注ぐ一級河川で、武庫川の流域一体が「武庫」という旧郡名である。武庫は「武器の倉庫」を略していることから、神功皇后《じんぐう》が三韓（新羅《しらぎ》、百済《くだら》、高句麗《こうくり》）遠征の帰途に武器を埋めたことに由来するという、もっともらしい説が生まれた。

一方、浪速（大阪）から見て、川の「向こう」にあるので「ムコ」になったという説もある。ムコに「六甲」の文字を当て、それを音読してロッコウ（六甲）という地名になった。確証はないが、このように地名が転訛した可能性は十分に考えられることである。

青森県の下北半島に恐山《おそれざん》という不気味な地名がある。日本三霊場の1つに数えられる信仰の山だが、その一帯を恐山山地といい、主峰は釜臥《かまふせ》山だ。その麓に宇曾利山《うそりやま》湖という丸い形をした湖がある。恐と宇曾利、両者の発音は実によく似ている。

実は恐山の別名を宇曾利山ともいうのだ。「ウソリ」の語源は定かでないが、「ウソリ」が「オソレ」に転訛して、霊場にふさわしい恐山の文字が当てられた。

4 「草水」の地名があるところは、かつての油田

石油産出に関する地名

日本で使用する石油は、そのほとんどを輸入に頼っているが、微量ながら日本でも産出している。その産出地は、新潟県から秋田県にかけてである。

新潟市秋葉区の旧新津市地域に「草水町《くそうずちょう》」という地名がある。同じく新潟県の阿賀野市にも「草水」という地名があり、長岡市にも「草生津《くそうづ》」がある。また、秋田市には「草生津《くそうづ》川」という小さな川が流れている。小地名も拾い出せば、両県には「草水」「草生」という地名が相当数ある。

実はこれらの地名は、いずれも石油を意味する「臭水《くさみず》」に由来したものである。貴重な燃料の石油も、昔の人には「臭い水」にしか映らなかったのだろう。それがクソウズに転訛し、「草水」「草生」などの文字を当てたと思われる。

クソウズの地名があるところには、かつて油田があったとみて間違いない。長岡市

の草生津は、石油の積出港として栄えた場所といわれる。秋田市内を流れる草生津川の流域には、八橋《やばせ》油田がある。

石油との関係は不明だが、福岡県朝倉市に「草水《そうず》」、三重県津市に「安濃町草生《あのうちょうくさわ》」、京都市左京区に「大原草生町《おおはらくさおちょう》」、岡山市北区に「御津草生《みつくそう》」、岡山県赤磐《あかいわ》市に「草生《くそう》」など、新潟・秋田県以外にも「草水」「草生」の地名がある。

石油以外にも臭い水はある。群馬県草津町の草津温泉は日本三名湯の1つとして知られ、日本屈指の温泉地としてにぎわっている。まさか油田が温泉街にあったわけでもないだろうに、草津と草生津、地名がよく似ている。

実は草津温泉のクサツも、草水や草生津と語源は同じなのだ。温泉街の中心には「湯畑」と呼ばれる源泉があり、硫黄の臭いがあたり一面に立ち込めている。これが名泉の証しであり、草津温泉の人気が高い要因でもあるのだが、昔の人にとっては草津の湯も「臭い水」であったのだろう。それを物語るように、草津を古くは「クサミズ」といい、それが転訛して「クソウズ」になり、草津の文字が当てられたといわれる。

なお、滋賀県にある旧宿場町の草津市は、臭い水とは関係なさそうだ。

縁起のいい地名

5 縁起をかついだ改名アレコレ――「北」を嫌って「福」「喜」に

日本人は、数字の「四」と「九」を嫌ったりするし、仏滅に結婚式をあげたり、友引に葬式をすることは滅多にない。これらは縁担ぎの類だが、地名も縁起を担いで、これまでずいぶん改名されてきた。

たとえば、福井市は古くは「北ノ庄」といったが、北は敗北に通じるとして「福居」、そして「福井」に改名した。「ラーメンと蔵の町」としてすっかり有名になった福島県の喜多方市も、同じような理由で「北方」から「喜びの多い地方」の「喜多方」に改称した。

愛知県の豊橋市は、中世には「今橋」といったが、今川義元が「忌まわしい」に通じるから縁起が悪いとして吉田に改称。さらに1869年には伊予の吉田（現・愛媛県宇和島市吉田町）との混同を避け、縁起のいい「豊橋」に改名した。静岡市も同様で、駿府《すんぷ》の別称の「府中」が「不忠」に通じるとして、近くにそびえる賤機山《しずはたやま》南麓の賤《しず》ヶ丘にちなんで静岡と改称している。

東京都中央区のベイエリア「晴海」は、いつも晴れた海であることを祈願して名づけられたものだし、千葉県浦安市は、漁をする海（浦）がいつも安泰であることを願っての命名である。

また、漢字の「八」を使った地名も、縁起を担いでいる要素は多分にある。八は末広がりで縁起のいい数字だからだ。八千代市・八街《やちまた》市（千葉県）、八潮《やしお》市（埼玉県）、八尾《やお》市（大阪府）、八女《やめ》市（福岡県）、八代《やつしろ》市（熊本県）など、八を使った地名は全国各地に見られる。

茨城県の日立市は企業に由来した地名と思われがちだが、これも縁起を担いだ地名の1つである。元禄時代、水戸黄門（徳川光圀）がこの地を視察した際、「朝日の立ち上る様は領内随一」と褒め称えたことからヒントを得て、1889（明治22）年の市制町村制で、宮田村と滑川村が合併して誕生した新村名に「日立村」と命名したという。日立市のホームページでも同様に述べている。

6 「境」「堺」「経」のつく土地は境界の可能性大

国境、郡境にちなんだ地名

愛知県のほぼ中央を、境川という小さな川が流れている。これが昔から重要な意味を持つ川だったことは、地元の人にもあまり知られていない。境川は尾張と三河の国境だったのである。

東京と神奈川の境界を下り、相模湾に注いでいる川も境川（下流部は片瀬川）という。上、中流部が相模と武蔵の国境を流れていることが川名の由来である。

鳥取県の西端にある境港市は、出雲と伯耆《ほうき》の国境に由来したもので、境水道を隔てて島根県と対している。古くから海上交通の要衝として栄え、現在は日本屈指の漁獲高を誇る水産都市である。

茨城県の利根川沿いに開けた境町、群馬県南部の境町（現・伊勢崎市）は、郡と郡の境界に位置していたことにちなむ。また、神奈川県の西部にそびえる丹沢山は明治初期まで三境《さんざかい》ノ峰と呼ばれてきた。山頂が津久井郡、足柄上郡、愛甲郡の3郡の境界にあるからだ。丹後半島の景勝地である京丹後市の経ヶ岬は、竹野郡と与謝郡の境界にある。境《きょう》ヶ岬が経ヶ岬に変化したといわれている。

また、山形県のサクランボの産地で知られる寒河江《さがえ》市は、古くは境川と称したこともあり、「サカイ」が「サカエ」に転訛し、寒河江の文字が当てられたのではないかという説もある。

愛知県境川

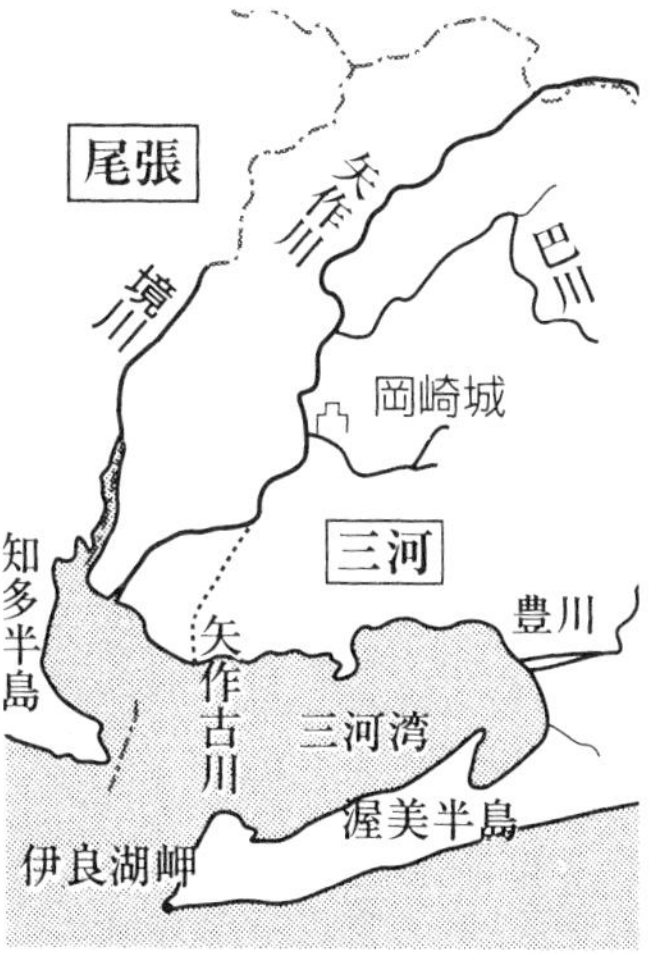

香川県坂出市も、「郡と郡の境界にある出っ張った土地」というのが由来だという。このように文字からだけでは判断できない地名もあるが、サカイ（境・堺）とか、キョウ（経）などの地名は、国境、郡境などにちなんだ地名だと想像できる。

7 「原宿」に「銀座」、東京のブランド地名が全国にある⁉

東京のブランド地名

日本人ほどブランド好きな国民もいないのではないだろうか。ただ、地名にまで、ブランド志向の強い日本人の悪い癖を持ち込むのはいかがなものか。由緒ある地名を葬り去って、東京の地名をつけている地方都市があるのだ。偶然に東京と同じ地名があるというのならば話は別だが、明らかに東京を意識して、東京の地名を拝借している都市がしばしば見受けられる。

その代表的な例が、山口県の旧徳山市である。徳山市は平成の大合併で、新南陽市ほか2町と合併して周南《しゅうなん》市になったが、旧徳山市内には有楽町、銀座、みなみ銀座、新宿通、代々木通り、原宿町、青山町、千代田町、昭和通り、自由ケ丘、晴海町と、よくもこれだけ東京の地名を並べたものだと感心するほどだ。これが学識経験者たちの提案で命名されたというから、なおさら驚く。

福島県白河市に合併された大信《たいしん》村でも、町おこし、過疎対策という名目で、造成地などに赤坂ニュータウン、一ッ木通り、田町通り、青山通りなど、東京かぶれもはなはだしい地名をつけて話題を提供した。極めつきは「田園調府」で、当初は「田園調布」だったが東京の田園調布から猛抗議を受けて改名した。その後の合併で東京地名の多くは行政地名から消えたが、田園調府だけは「大信田園町府」として残った。

「銀座」も、ブランド地名の1つ。銀座は銀貨鋳造所（銀座役所）があったことに由来する。銀座の発祥は京都で、今でも伏見区には本家本元の「銀座」という地名があるが、その他の「銀座」のほとんどは東京の銀座にちなんだケースだろう。日本中の都市が銀座の繁栄にあやかって、商店街に銀座名をつけたのである。その数は、最盛期には500を下らなかったという。

しかし、地名としてはなじまなかったのか、「銀座」を正式な地名として採用しているのは、栃木県鹿沼市、埼玉県熊谷市・本庄市、長野県飯田市・岡谷市、静岡市清水区、愛知県刈谷市、徳島市、前述の周南市、北九州市、北海道長沼町の11市町。「銀座町」などの変化形を入れても十数カ所にすぎない。

8 同音同字体の市が半世紀ぶりに誕生

認められない同字体の市名

同音同字体の市名は、東京都と広島県の府中市の1組だけだった。かつては福島県若松市（現・会津若松市）と福岡県若松市（現・北九州市）の例があったが、その後は同字体の市名は認められていない。府中市の場合は例外で、まだ自治省（現・総務省）の指示が徹底していなかったうえに、2市とも市制施行が昭和の大合併という同時期だったことによる。

後発の市は旧国名や方位、違う文字などの工夫をすることになる。愛媛県松山市に対する埼玉県東松山市、福島県郡山市に対する奈良県大和郡山市、広島市に対する北海道北広島市など。また、1970（昭和45）年に埼玉県大和町が市制施行する際、神奈川県に大和市があったため和光市に改称した。1995年には茨城県鹿島町が市制施行の際に、佐賀県鹿島市があったため「鹿嶋市」とした。

ところが、平成の大合併で同一市名が誕生した。福島県伊達郡の5町（当初は7町）が市に昇格する際、総務省に「伊達市」命名が可能かを照会すると、すでに北海道にあるので好ましくないとの回答。そこで公募した中から「だて市」に決定した。

同じ時期、沖縄県でも既存の「宮古市」を希望する動きがあり、総務省も「混乱を来さないという客観的な根拠があれば問題ない」という柔軟な姿勢に変わっていた。市名が原因で合併が破談になれば元も子もないため、大譲歩したのである。これを受けて、福島県伊達郡では「だて市」の漢字表記への移行が可能かを総務省に打診すると「既存の市から異論がなければ支障ない」との回答を得た。

沖縄では岩手県宮古市からの猛烈な抗議を受けて「宮古島市」となったが、福島県伊達郡の場合は北海道伊達市からの抗議はなかった。北海道伊達市には、既存の市名を使用しないことで新市名を募集する動きがあったうえ、伊達氏発祥の福島県に敬意を表したからかもしれない（174ページ参照）。

その後、北海道のほうも住民から伊達市の存続を望む声が強く、結局は伊達市のまま。福島県では漢字表記への変更が可決され、52年ぶりに同一市名誕生となった。

9 「赤穂」「安芸」――同一の地名が生まれたワケ

同名でも語源が異なる地名

前項のとおり、市どうしの同表記は基本的に認められないが、町村を含めれば全国には同じ地名がずいぶんある。しかし、文字が同じでも語源が同じとは限らない。同じ文字の自治体が存在する原因の1つに、合成地名がある。特に、自治体の合併によって合成地名は生まれる。1889（明治22）年からの明治の大合併、1953（昭和28）年からの昭和の大合併でも合成地名が量産された。ただし、8章6項で後述するように、平成の大合併では抑えられた。

地名を合成したら、偶然に既存の地名と同じになったという例はよくある。たとえば、長野県の駒ヶ根市に、赤穂《あかほ》という地名がある。兵庫県の赤穂《あこう》市と字は同じだが、読み方が違うように両者はまったくの無関係。駒ヶ根市の赤穂は赤須《あかす》と上穂《うわぶ》の2村が合併して生まれた合成地名である。

同じ長野県に、長門町という山口県の長門市および旧国名の長門国と同じ名前の町があった。この地名も昭和の大合併で長久保新町、長窪古町、大門村の3町村が合併して生まれた合成地名である。その長門町が平成の大合併でも、また合成地名に走った。和田村と合併して長和町になったのである。

宮城県津山町も、岡山県津山市と混同しやすい地名だが、津山町は柳津《やないづ》町と横山村が合併した際の合成地名だ。幸いにも平成の大合併で、合成地名の津山町は消滅し、登米《とめ》市に生まれ変わっている。

また、「安芸」という地名が、広島県（広島市安芸区・安芸高田市・安芸郡・安芸太田町）と高知県（安芸市・安芸郡）、そして三重県にも安芸郡があったが、三重県の安芸は「アキ」ではなく「アゲ」と読む。安濃《あのう》郡と河芸《かわげ》郡の合併で生まれた合成地名だからである。ただし、安芸郡は平成の大合併で消滅した。

合成地名でなくても、語源の異なる地名は多い。たとえば、徳島県阿南市と長野県阿南町。徳島県の阿南市は、阿波国（徳島県）の南に位置していることにちなんだ市名だが、長野県の阿南町は天竜川支流の阿知川の南側にあることに由来している。

10 合併する町の数が地名になった

合成地名は、その地域の歴史や文化を無視した安易な命名法だが、それでも町村合併では頻繁に用いられる。合併する複数町村のメンツが保てるし、住民からの反発も比較的少なくてすむからだ。

しかし、合併する町村が2～3程度なら、合成地名をつくるのも簡単だろうが、5つ、6つとなると容易なことではないはずだ。

そこで考え出されたのが、合併する村の数を町村名にするというアイデア。青森県の核燃料サイクル施設があることで知られる六ヶ所村は、6つの村の合併による。茨城県城里町《しろさとまち》となった旧七会村《ななかいむら》も、7つの村が会（合）うという意味から名づけられたものだ。同じく茨城県石岡市となった旧八郷町《やさとまち》も8町村の合併で誕生している。

群馬県の六合村《くに》（現・中之条町）は、1900年に草津村（現・草津町）から分村した入山《いりやま》、小雨《こざめ》、太子《おおし》、日影《ひかげ》、赤岩《あかいわ》、生須《なます》の6つの大字で村が生まれた。『古事記』や『日本書紀』で、天、地、それに四方を合わせて「六合《くに》」と呼ぶことにちなむ。

鹿児島県の吐噶喇《とから》列島にある十島《としま》村は、10島が村名の由来という。戦後は北緯30度以南がアメリカの軍政下に置かれたため、分断された北部の3島は、三島《みしま》村として独立した。千葉県の富里市（旧・富里村）は、13の村が合併して生まれた。十三を「トミ」と読み、村を「サト」、それに縁起のいい「富里」という文字を当てたものだ。

「三和」や「三郷」という地名は、案外3つの自治体が合併して生まれた地名である場合が多い。埼玉県三郷市は、1956年に東和村・彦成村・早稲田村の3村が合併して三郷村ができたことによる。平成の大合併で誕生した宮崎県の美郷《みさと》町は、南郷《なんごう》村、北郷《きたごう》村、西郷《さいごう》村の3村が合併したもの。三郷とせず、美郷としたところがミソなのだろう。美郷町はほかにもある。2004年に誕生した秋田県美郷町は、千畑《せんはた》町、六郷町、仙南村の合併によるものだから、おそらく3自治体合併からの命名だろう。島根県の美郷町も同じく2004年に生まれたが、こちらは邑智《おおち》町と大和《だいわ》村の2つが合併。町のホームページによると「自然豊かな美しい故郷」が由来である。

第3章

地名に隠された、日本のルーツと文化

1 渡来人の足跡を残す「秦」「綾」の地名

渡来人に由来する地名

大和政権の全国統一も、渡来人なくしては実現しなかった。4世紀後半から5世紀の初めにかけて、朝鮮の動乱を避けて日本に渡ってきた人、あるいは大陸に進出した大和政権に連れてこられた人が、渡来人の始まりだといわれている。

渡来人は大陸の優れた文物を日本にもたらした。巨大古墳の築造や灌漑《かんがい》などの土木工事でも、渡来人の豊富な知識と技術が生かされている。渡来人の多くは畿内に住み、建築、土木、農業、養蚕、機織、製陶、彫刻、絵画、宗教など、あらゆる分野で活躍し、日本の文化向上に貢献した。

政治の分野でも大きな勢力となり、大和政権を陰で支えた。平安時代に編纂された『新撰姓氏録《しんせんしょうじろく》』によると、貴族のうち約30％は渡来人だったという。

彼らの影響力の大きさを物語るように、渡来人に由来する地名は各地に残っている。

渡来人で特に有名な氏族が、5世紀末頃に渡ってきた秦氏《はたうじ》と漢氏《あやうじ》である。

　秦氏は京都の太秦《うずまさ》を本拠地として、養蚕や機織の技術を広め、開拓に従事しながら全国に勢力を伸ばしていった。「ハタ」のつく地名には、秦氏が居住したことに由来するものが多い。秦野《はだの》市（神奈川県）、寝屋川市秦町《はだちょう》（大阪府）、田原本町秦庄《たわらもとちょうはたのしょう》（奈良県）、総社《そうじゃ》市秦《はだ》（岡山県）、下関市幡生町《はたぶちょう》（山口県）などだ。

　漢氏は工芸や文筆などで朝廷に仕えた。「アヤ」のつく地名には、漢氏の居住地にちなんだものが多く、綾町《あやちょう》（宮崎県）、綾瀬（東京都足立区・埼玉県蓮田市）、綾部市（京都府）、綾瀬市（神奈川県）、綾歌《あやうた》町（香川県丸亀市）などがある。

　このほか、高句麗《こうくり》から渡来した高麗《こま》人に由来する「高麗」が、日高市高麗《こま》川ほか（埼玉県）、大磯町高麗（神奈川県）、大阪市中央区高麗《こうらい》橋などに見られる。また、新羅《しらぎ》からの渡来人にちなむ志木（埼玉県志木市）、百済《くだら》からの渡来人にちなむ百済（滋賀県東近江市・奈良県広陵町・熊本県八代市）、呉《ご》（中国）からの渡来人にちなむ呉（広島県呉《くれ》市）など、渡来人にちなんだ地名は全国に数多くある。

2 「条」「里」「坪」は、律令時代の土地制度の名残り

条里制にちなんだ地名

律令国家の土地制度で、大きな役割を果たしたのが条里制である。条里制とは、古代に実施された耕地区画法のことをいう。

1辺の長さが1町四方（約109m×109m）の1区画を「坪」といい、1坪を縦横6つずつ並べた36坪を1里とした。また、1里は縦に1～6条、横に1～6里と呼び方を変えて数え、たとえば「4条2里」というように区画を特定した。将棋で縦を筋、横を段と数えてマス目を特定するのと同じだ。この条里制は最初に奈良盆地で実施され、次第に全国へと広まっていったものとみられる。

「条」「里」「坪」のつく地名には、この条里制にちなんだ地名が多い。全般的に条里制にちなむ地名は、大字・小字の小地名として残っているケースが多いが、自治体名にも見られる。たとえば、新潟県の三条市や大阪府の四条畷《しじょうなわて》市、奈良県の五條市な

どは、条里制にちなんだ地名だと考えられている。

なお、京都の街はよく「碁盤の目」といわれ、縦は「○条通り」で呼ばれるが、これは条里制ではなく条坊制という中国発祥の都市計画によるものだ。また、札幌市では縦（南北）の区画を「条」、横（東西）の区画を「丁目」で表すが、これも建設された時代からして条里制の名残ではない。

千葉県の九十九里浜は条里制にちなむ地名の1つだ。だが、九十九里浜の長さは約56㎞で、条里制の1里（約654m）で計算しても85里あまりにしかならない。これは、「100里には届かないものの、100里近くもある長い海岸」という意味から九十九里の地名がつけられたのだろう。

ところで、尺貫法では「1里＝36町＝約4㎞」であり、条里制の場合は1里＝約654m。これらの異なる「里」が地名になっているのでややこしい。

東海道の七里の渡しや、中山七里（岐阜県下呂市）、七里長浜（青森県鰺ヶ沢町《あじがさわ》）などの「里」は、尺貫法による地名だが、鎌倉の七里ヶ浜は条里制にちなむ地名といわれる。七里ヶ浜は長さ4㎞あまりの海岸で、28㎞にははるかに及ばないのだ。

3 全国に無数にある「庄」のつく地名

荘園に由来した地名

大化の改新後に構築された律令制のもとでは、人民や土地は公《おおやけ》のもの、すなわち公地公民制だったが、浮浪人になる農民が相次いで国の財政が逼迫したため、朝廷は8世紀前半「三世一身の法」や「墾田永年私財法」を打ち出し、土地の私有を認めた。

これらの施策で墾田（新たに耕した田）は大幅に増加したものの、律令国家の基本理念である公地公民制が崩れて、律令制度は崩壊の道をたどることになった。財力のある寺社や貴族らは、貧しい農民たちに開墾させて私有地を広げていき、やがて荘園が生まれた。荘園制度は最終的に秀吉の太閤検地によって消滅したが、荘園にちなんだ地名が今も各地に残っている。

埼玉県本庄市は、中世に若泉荘という荘園があったことに由来する。武蔵七党の1つ、児玉党の本庄氏が支配した地域である。山形県の庄内平野の「庄内」は、「荘園内」を意味する地名である。

新しく開発した荘園を新荘といい、市町村では山形県新庄市、岡山県の新庄村の2つしかないが、各地にこの地名が残っている。特に富山県から滋賀県にかけての北陸地方によく見られる。荘と庄は同義である。

一方、新しく開かれた新荘に対して、既存の荘園は本荘、本庄と呼ばれた。本荘市（秋田県）は平成の大合併で由利郡7町と合併して由利本荘市となったが、この旧本荘市がその例である。本庄も本荘も、字名や小地名には数えきれないほどあるが、本庄は、前述の本庄市を別として、松本市本庄（長野県）、大野町本庄（岐阜県）、小牧市本庄（愛知県）といった地域より西に集中している。本荘が本城に転訛して、地名として残っているところもある。

「保」のつく地名も、荘園に由来しているものが多い。保は平安時代以降の、国衙《こくが》領における小集落で、隣接の5戸で構成した郷の下の単位である。さらに、「免」のつく地名も荘園地名の一種といわれる。免田《めんだ》、保免《ほうめん》、後免《ごめん》、免鳥《めんどり》など、租税が免除された土地を意味する地名である。免が「面」に転訛した地名もある。

4 「春」「治」「張」「原」は、開墾を表す「ハリ」から？

開墾に由来する地名

日本の歴史はまさに開墾の歴史である。日本に稲作の技術がもたらされてから、生活様式は一変した。人々は山野を切り開き、荒地を耕して田畑を広げてきた。稲作が日本の社会構造を大きく変えたのである。

開墾が進むと、土地や収穫物などをめぐって争いが発生するようになり、人が人を支配する社会が生まれた。支配者はより権力を強めるために、荒地や山野を開墾し、田畑をさらに広げていったのである。

農耕民族の日本には、農耕にちなんだ地名が特に多い。その筆頭は、何といっても「田」のつく地名だろう。田はもちろん田んぼのことであり、山田、田中、中田、田代、福田、高田、吉田、長田など、無数の「田」地名がある。一方、畑を意味する地名もある。畑野、中畑、荒畑、畑田などだ。これらは荒地や山野が開墾されて田畑になり、それが地名として残ったのである。

開墾の「墾」は『万葉集』などでは「墾《は》る」と読まれ、土地を新しく切り開いて田畑・道などをつくるという意味がある。墾道《はりみち》は、新たに切り開かれた道のこと、山墾《ば》りは、山を切り開くことをいう。

開墾に由来する地名も「ハル」「ハリ」が代表的なもので、春、治、張、針、原などの文字が当てられることが多かった。たとえば、愛知県西部の旧国名の尾張は「小治」「小墾」（オハリ）が語源で、未開地を開墾したところである。兵庫県西部の旧国名の播磨は「墾間」が語源で、開墾した土地を意味する。愛媛県北部にある今治市は「今墾《いまはり》」が語源で、新しく開墾した土地のことだ。２００６年に茨城県土浦市に編入された新治《にいはり》村も、今治と同義である。

さらに、東京都江戸川区や福井県坂井市にある春江町は「墾江」が語源といわれる。このほか、原田は「墾田」。また、晴山も語源は「墾山」だろう。

このように、開墾地に由来した地名は多く、昔から人々は、いかに開墾することに力を注いできたか、地名からその一端を知ることができる。

5 農地を広げる開発の槌音が聞こえる

新田開発にちなむ地名

新田開発は、江戸時代になって盛んに行われるようになり、開拓された地には「○○新田」という地名をつけられることが多かった。「～新田」といった全国共通の地名以外にも、地方特有の地名がつけられている。

山形県の庄内地方では「○○新田」に混じって「興屋《こうや》」のつく地名が多数見られる。単独の「興屋」という地名はないが、鶴岡市には下《しも》興屋、蛸井《たこい》興屋ほか多数、酒田市には地見《じみ》興屋、庄内町《しょうないまち》旧余目町には境興屋、提興屋などがあり、山形県に隣接する新潟県村上市にも西興屋がある。興屋は家屋を興《おこ》す、すなわちその土地に家を建てて、新たに開墾することを意味している。他地域ではまったく見られないので、一種の方言地名といえるだろう。

「在家《ざいけ》」という地名は、福島県の会津地方から岡山県・鳥取県までの間の都府県で頻繁に見られる地名だ。小地名を含めればさらに多いだろう。在家には「出家しない人」という意味とともに、中世に発達した荘園内の屋敷と付属の田畑を総称する用語としても使われていた。地名の「在家」は後者だろう。

九州の有明海干拓の歴史は古く、特に江戸時代に農地を広げるための干拓《かんたく》が活発に行われた。干拓で最大の難工事は築堤だ。そのため、築堤する個所に丸太杭を打ち込み、その杭に木の枝などを絡みつかせる「搦《からみ》」という工法が用いられた。潮が打ち寄せてきたとき、海水とともに運ばれてくる土砂が木の枝で遮られ、堆積するという仕組みだ。「籠《こもり》」は干潮時を見はからって、大量動員をかけて堤防を一気に築いて土地を囲い込み、そこを干拓する手法をいう。これらの場所には「〜搦」「〜籠」という地名がつけられた。

なお、福岡県の有明海沿岸では、大牟田市昭和開《しょうわびらき》、みやま市高田《たかた》町北新開《まちきたしんがい》などがあり、土地を新たに開く「開」という地名は全国に多く見られる。

新田開発にちなむ地名は、ほとんどが小地名だ。合併が繰り返され、時代に合った地名に換えられていく中で、何とか生き残ってほしいものだ。

6 交通の要衝、合戦の舞台に由来する「関」

「関」のつく地名

「関」の文字を使った地名は、その多くが関所にちなんだ地名だ。日本を二分する文化・経済圏の関東と関西の「関」も、関所に由来する地名である。

前述した「古代三関」（愛発関《あらちのせき》、不破関《ふわのせき》、鈴鹿関《すずかのせき》）のうち、場所がきちんと特定できるのが不破関だ。その場所が岐阜県関ケ原町。天下分け目の戦いで有名な関ケ原の戦いの舞台である。壬申の乱（672年）では、吉野で挙兵した大海人皇子《おおあまのおうじ》（後の天武天皇）が伊勢、美濃を回って東側から不破道《ふわのみち》を封鎖して西側の大友皇子と対峙、この一帯が激戦地となった。関所が設けられたのはその後だ。

鈴鹿関は、平成の大合併で三重県亀山市となった関町《せきちょう》付近とされている。岐阜県には刃物で有名な関市があるが、ここも景行天皇が美濃に行幸したとき、その警護のための関所が置かれたことが、地名の起こりといわれる。

主な三関

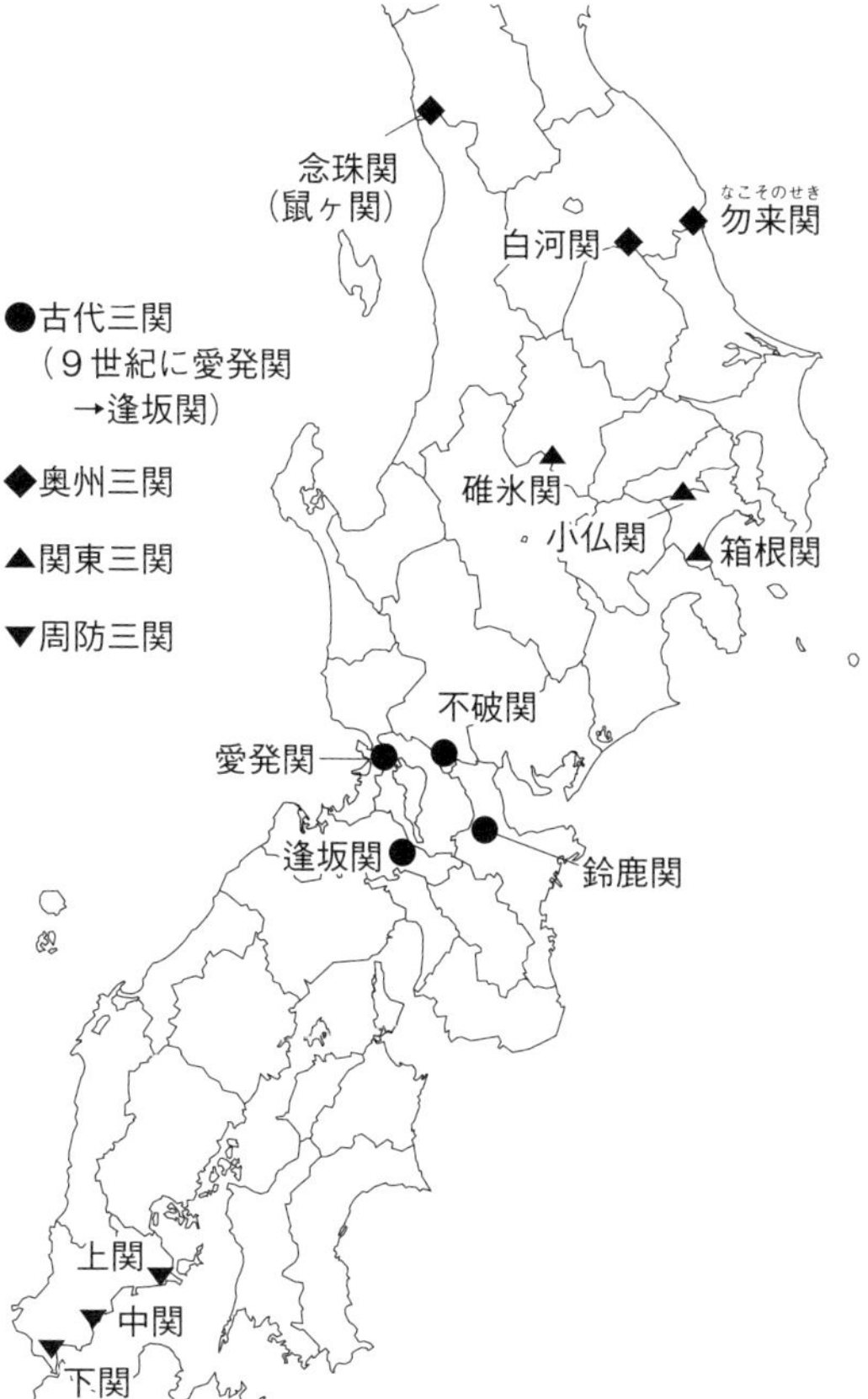
念珠関
（鼠ヶ関）
勿来関《なこそのせき》
白河関
●古代三関
（9世紀に愛発関
→逢坂関）
◆奥州三関
▲関東三関
▼周防三関
碓氷関
小仏関
箱根関
不破関
愛発関
逢坂関
鈴鹿関
上関
中関
下関
（赤間関）

大分県の、豊予《ほうよ》海峡に突き出した岬の先端部にあったのが佐賀関町《さがのせきまち》（現・大分市）だ。古くから海上交通の要衝として栄えており、沖合を航行する船舶の積荷などを取り締まる海の関所が置かれたことにちなむ。

下関市も、「周防三関《すおう》」（上関《かみのせき》、中関《なかのせき》、下関）と呼ばれる海の関所の1つが置かれたことにちなむ。下関は畿内から見て一番遠い、すなわち下手にあったことによる。「赤間関《あかまがせき》」とも呼ばれ、下関市は明治後半まで赤間関市と名乗った。交通・水産の要衝であるばかりか、壇ノ浦の戦いや幕末の下関戦争などの舞台ともなった。

千葉県の関宿町《せきやどまち》（現・野田市）は、「関所のある宿」が語源だし、このほか青森県の碇ヶ関村《いかりがせき》（現・平川市）、兵庫県の関宮町《せきのみやちょう》（現・養父《やぶ》市）、美保関町《みほのせきちょう》（現・松江市）、それに東京の中央官庁が集中している霞が関も、関所に由来している。

同じ関でも、水路の流出口などに構築される「堰《せき》」にちなんだ地名もある。たとえば、岩手県の南部にある一関《いちのせき》市はかつて「一堰」と書いた。北上川支流の磐井《いわい》川に治水のための堰が設けられ、その1番目の堰が一関（一堰）である。一関から上流に向かって二堰、三堰もあったという。

7 分かれ道の地名がなぜ「追分」か？

道路の分岐点を示す地名

川は山地から流れ出た水の通り道で、多くは自然の力によって形成される。道路は人間が手を加えてつくった、人や車の通り道である。川は合流することもあれば、分流していくこともある。道路も川に似ているが、一方向にしか流れない川と違って、道路はどちらの方向へも行き来できる。したがって、道路には川のように分流と合流を使い分ける地名はない。合流地点も逆方向から見れば、分流地点になるからだ。

道路が分岐する地点では、「追分《おいわけ》」という地名が日本各地でよく見られる。最も有名な追分は、長野県軽井沢町追分だろう。

軽井沢の追分は、中山道と北国街道の分岐点にある。かつては浅間三宿（沓掛《くつかけ》、軽井沢、追分）の中では最も栄えていた宿場町で、追分節の発祥地でもある。その追分も当時の面影はなく、現在は別荘地に生まれ変わっている。

東京23区に追分という住所名はないが、かつて呼ばれた場所はいくつかある。新宿区はかつて内藤新宿という甲州街道の宿場が置かれ、そこから青梅街道に分岐する地点が追分と呼ばれた。今でも新宿三丁目の交差点には新宿追分というバス停がある。文京区には本郷追分がある。中山道から日光御成《おなり》道が分岐する地点に当たり、現在でも本郷通りに本郷追分のバス停がある。中山道をさらに先に行くと、最初の宿場町の板橋宿があり、そこから川越街道に分岐する地点は平尾追分と呼ばれた。

北海道にも室蘭本線と石勝《せきしょう》線の分岐点に追分町《おいわけちょう》という自治体があったが、2006年に合併して安平町《あびらちょう》となった。滋賀県には大津市に、東海道と伏見街道の分岐点に当たる髭《ひげ》茶屋追分があり、現在も追分町の名がついている。ほか、草津市、四日市市、豊田市など、追分地名は全国各地にある。

では、なぜ追分というのか。昔、牛馬を引き連れた商人の一隊が道路の分岐点に差しかかったとき、2つの隊に分けさせるため、大声で牛馬を追い分けたことに由来するという説がある。しかし、これはどうも眉唾ものである。追分は「相分《あいわ》ける道」が「相分け」と短くなり、それが追分に転訛したのではないかと思われる。

東京の追分と五街道

8 「メラ」「アズミ」――海流に乗って移動した地名

地名は人々とともに運ばれていく。昔の人は、潮の流れに乗って西国から東国へ新天地を求めて移住し、同時に地名も移動させた。

その一例として知られるのが、「メラ」という地名である。和歌山県の田辺市には「目《め》良《ら》」という地名がある。伊豆半島南端の南伊豆町にも、文字こそ違うものの「妻《め》良《ら》」がある。さらに房総半島南端の館山市にも「布《め》良《ら》」という地名がある。おそらく、3つの元は同じ地名のはずだ。紀伊半島の目良の住民が黒潮に乗って東国へ向かい、伊豆半島に上陸した者もいれば、房総半島にたどり着いた者もいて、故郷の地名をそのまま使ったのだろう。

房総半島の南東岸にある勝浦市は、徳島県勝浦郡の住民が移住した地だというし、同じ房総半島の南房総市の白浜（旧・白浜町）も、和歌山県白浜町からの移住者が住

人と地名の移動

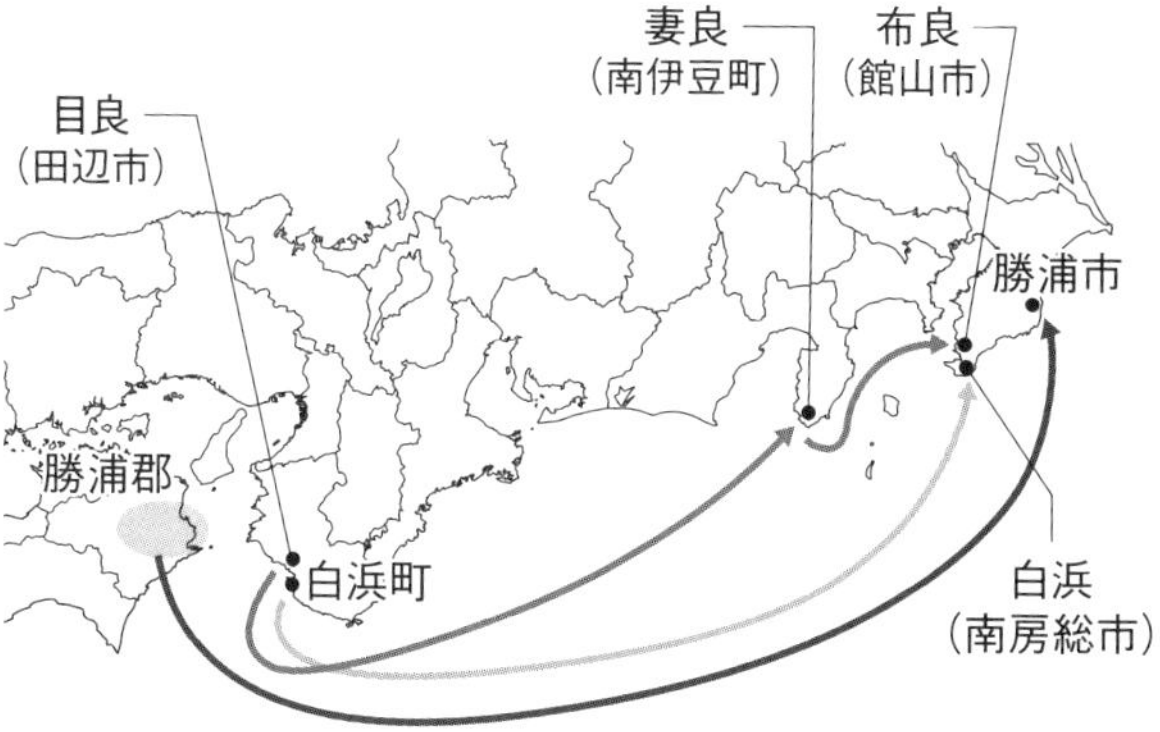

み着いた地だといわれる。太平洋側ばかりではなく、日本海側にも、移住者の痕跡が見られる。

さらに古い例が「アズミ」のつく地名だ。弥生時代、北九州には海洋民族である安曇族が住んでおり、およそ5世紀頃までに海を渡って日本各地に定住した。

瀬戸内海を渡って滋賀県についた民族は「阿曇」の地名を残し、太平洋経由では愛知県の渥美《あつみ》郡や熱海市に。日本海経由では山形県飽海《あくみ》郡のほか、新潟県糸魚川市から川を遡って内陸の安曇野にたどりついた。長野県安曇野市には大型の船を祀る穂高神社がある。

9 平和と繁栄を祈願した「八千代」「栄」

平和・繁栄を願う地名

縁起を担いだ地名ばかりではなく、平和や豊かさを願った地名も数多くある。たとえば「千代に栄える」ことを祈る「千代田」。この地名は東京都千代田区ばかりでなく、群馬県千代田町、佐賀県千代田町（現・神埼市）があり、自治体内の町名を入れれば全国で50カ所近くある。「八千代」「栄」のつく自治体名は、千葉県八千代市、茨城県八千代町、千葉県栄町があり、平成の大合併以前では、兵庫県八千代町（現・多《た》可町《かちょう》）、新潟県栄町（現・三条市）があった。いずれも、小地名を入れれば無数にある。

人類の永遠のテーマでもある「平和」。こちらは自治体名のケースは少なく、平成の大合併以前にあった愛知県平和町（現・稲沢市）の例くらい。ただし、平和台や平和通などのバリエーションは幅広い。

東京湾岸の埋立地に平和島があり、宮崎市北部の洪積台地を平和台地という。秋田県の横手市と岩手県の北上市を結ぶ平和街道は、秋田県平賀郡の「平」と、岩手県和賀郡の「和」を合わせて偶然生まれた地名である。地名ではないが、被爆都市広島の爆心地には平和記念公園がつくられた。平和大通りや平和大橋もある。二度とこのような惨劇を繰り返すまいという、平和への祈りが名前に込められている。

「大和」という地名も多い。奈良県の旧国名であるとともに、日本全体も指す。ほとんどの「大和」地名は、「大いに和する」から生まれた平和願望地名だろう。現存する自治体名では宮城県大和町《たいわちょう》、東京都 東大和市《ひがしやまと》、神奈川県大和市《やまと》。旧自治体では1970（昭和45）年の市制施行で和光市と改称した埼玉県大和町《やまとまち》ほか、愛知県一宮市、広島県三原市、福岡県柳川市、佐賀市などに吸収合併された大和町がある。

「豊」や「富」の文字を使った地名が多いのも、土地が平和で豊かなことが人々の幸福と考えたからなのだろう。

人類が誕生し、地名が発生した当初は、決してこのような地名は多くはなかったに違いない。こうした願望地名が増えてきたのは、人が人を支配するようになり、争いごとが起きる世の中になってからのことと思えて仕方がない。

温泉に由来する地名

10 平成の大合併でも、なんとか残った温泉地名

火山帯が縦断する日本には温泉が多く、当然ながら温泉に由来する地名も多い。たとえば、神奈川県の湯河原町は、河原から温泉が湧いていたことにちなむものだし、新潟県の湯沢町は、「温泉が湧出する沢」が語源である。島根県には大田《おおだ》市と合併した温泉津町《ゆのつちょう》という自治体があった。「温泉の湧く港」が地名の由来だ。山形県の新潟県に近い日本海側には、温海町《あつみまち》があった。現在は合併して鶴岡市となったが、町内には温海川に沿って「あつみ温泉」という温泉街がある。

現在、ズバリ「温泉」のつく自治体に、兵庫県北部の新温泉町《しんおんせんちょう》がある。かつては温泉町であったが、平成の大合併で新温泉町となって温泉の文字が残された。愛媛県には温泉《おんせん》郡があった。道後温泉がある一帯の地名で、その道後温泉も、松山市と合併する1944年までは、道後湯之町《どうごゆのまち》という温泉郡内の自治体だった。しかし、郡内の町

村は徐々に松山市に編入され、最後に残った中島町が2005年に松山市に編入されて温泉郡は消滅した。ただし、2004年に重信町《しげのぶちょう》と川内町《かわうちちょう》が合併して東温市《とうおん》になったため、温の字だけは残った。道後温泉の東に位置することからの地名だろう。このほか、長野県には野沢菜で有名な野沢温泉村がある。

自治体内の町名には、温泉町や温泉のつく地名が全国に多数ある。宮城県大崎市には鳴子温泉を冠した地名が70以上あり、石川県加賀市には山中温泉を冠した地名、岐阜県高山市には奥飛騨温泉を冠した地名がズラリと並んでいる。

鳥取県湯梨浜町《ゆりはま》には「はわい温泉」という地名ある。温泉にハワイをつけて南国リゾート気分を出そうとしたかに見えるが、実は鎌倉時代に初出が見られる「伯井田《はわいだ》」に由来する。その後、羽合町《はわいちょう》としてユニーク地名の1つとなったが、2004年に合併して湯梨浜町となった。湯梨浜は町の名物である温泉＝湯、二十世紀梨、白い砂浜からとったユニークな合成地名である。

以上のほか、「湯」の字が入る現在の市町村名には、秋田県湯沢市、福島県会津地方の湯川村《ゆがわ》、熊本県南部の湯前町《ゆのまえまち》、和歌山県湯浅町などがある。

11

「島原」「御勝山」――戦いの痕跡をとどめる地名

戦乱に由来する地名

京都市の西本願寺西側に、かつて遊郭のあった島原という地名がある。もともと、この遊郭は移転を繰り返しており、この地に移ったのが1640（寛永17）年のこと。移転が急だったため、その慌てぶりがまるで直前に終結した島原の乱のようだったとして、「島原」と呼ぶようになったという。

大阪市生野区にある御勝山古墳《おかちやま》は、大坂夏の陣で徳川秀忠が陣を構えた場所である。この戦に勝利した秀忠は、戦勝を記念して「御勝山」と名づけたという。

愛媛と高知の県境に広がる石灰岩台地の大野ヶ原（愛媛県西予市野村町大野ヶ原）は、1574（天正2）年、土佐の長宗我部元親《もとちか》と伊予の大野直昌《なおしげ》の戦いがあった場所で、戦に勝利した大野氏が戦勝を祝って「大野ヶ原」と命名したといわれる。

甲府盆地の笛吹川《ふえふき》に注ぐ日川《にっかわ》は、別名を三日血川《みっかぢ》という。武田信玄の子勝頼は、信長、家康の連合軍に敗れ去ったが、武田氏の残党・土屋昌恒《まさつね》（惣蔵）らは、最後まで抵抗して日川渓谷に逃れた。岩陰に身を潜めていた昌恒は、絶壁をよじ登ってくる1000人もの敵兵を次々に切り落とした。谷底に突き落とされた敵兵の血で3日もの間、川の水が赤く染まったという故事が川名の由来である。

九州の筑後川中流に開けている福岡県大刀洗町《たちあらいまち》の名前は、1359（天平14）年の筑後川の戦いで、朝廷方の菊池武光と、足利幕府方の少弐頼尚《しょうによりひさ》が戦い、勝利した菊池軍が血のりのついた刀を川で洗った故事にちなむ。埼玉県深谷市にある血洗島《ちあらいじま》は、近年注目度の高い渋沢栄一の生誕地である。11世紀半ば、源義家の家来が利根川の合戦で、斬られた腕を洗ったことに由来する。

戦いのあった地名が別の意味を持つようになったケースもある。スポーツなどで勝敗の分かれ目となる重要な試合を「天王山」ということがあるが、これは本能寺の変の後の山崎の合戦で、秀吉がいち早く天王山を制したために明智光秀に勝利したことにちなむ。その際、戦いを傍観していた筒井順慶《じゅんけい》のいた場所が「洞ヶ峠《ほらがとうげ》」。そこから、どちらにも加勢せず日和見することを「洞ヶ峠を決め込む」というようになった。

12

「挙母《ころも》市」が、企業名にちなんで「豊田市」に

企業名に由来する地名

日本には企業名にちなんだ地名が各地にある。もっとも、企業名が自治体名にまでなったのは愛知県の豊田市だけである。2章で触れたように、茨城県日立市は日立製作所創業（1910年）の地だが、それ以前の明治の大合併（1889年）で、徳川光圀の故事にちなむ日立村が誕生していた。

豊田市は昭和の初めまでは、挙母町《ころもちょう》という小さな農村にすぎなかったが、そこにトヨタ自動車が進出。1951年には市に昇格し、1959年に日本で初めての乗用車専門の組立工場が完成したのを機に、豊田市と改称した。

挙母市がここまで発展したのはもちろんトヨタ自動車の力だが、かといって同社が改名を働きかけたわけではなく、市議会で議決したのだという。

挙母は『古事記』に「許呂母《ころも》」の名で登場する由緒ある地名であり、改称には反対

意見も多かった。しかし、市民の約8割は何らかの形でトヨタ自動車との関わりを持っていたため、反対運動はあっさりと推進派に押し切られてしまった。

企業名にちなんだ地名は、全国各地にある。特に川崎製鉄（現・JFEスチール）や川崎重工業、川崎造船所などに由来する川崎町は、千葉市をはじめ全国に6カ所以上ある。ほか、福井県敦賀市の呉羽化学工業（現・クレハ）にちなむ呉羽町、滋賀県長浜市の鐘紡《かねぼう》町、大阪府池田市のダイハツ町など枚挙にいとまがない。

創業者の名前が地名になったケースもある。岐阜県大垣市田口町は西濃運輸の田口利八、栃木県矢板市早川町はシャープの早川徳次、横浜市鶴見区安善町は安田財閥の安田善次郎に由来する。

企業ではないが、私的団体が自治体名になっている例がもう1つある。奈良県天理市は、昭和の大合併（1954年）で丹波市町《たんばいちちょう》など6町村が合併して市に昇格する際、丹波市町に本部がある天理教から市名が採用された。それ以前にも例がある。岡山県金光町《こんこうちょう》は1923年に三和村が町制施行する際、同地が発祥である金光教からつけられたもの。その後、平成の大合併で浅口《あさくち》市となり、金光町は消滅した。

第4章

日本各地に息づく、独特な地名の謎

京都の伝統地名

1 秀吉治世の名残りを留める伏見は、伝統地名の玉手箱

ネットが発達した現在では、小冊子の『郵便番号簿』はすっかり使われなくなったが、眺めていてけっこう飽きないものである。その中でも驚くのは、京都府の占めるページ数の多さだ。２０００年ごろの郵便番号簿では、京都府の5倍近くの人口がある東京都の約６倍ものページ数を使っている。

現在はネットからエクセル形式でダウンロードできる。郵便番号の数を数えると、東京都の４０４７件に対し、京都府は６６６１件。しかも、東京都の場合、都心部30階以上のビル60棟弱に対し、ワンフロアごとに郵便番号が振られており、その数だけで約２０００件を占めるから、実質、京都府の3分の1以下だろう。

京都の人は地名の大切さを認識しており、無形の文化財である伝統地名を、とことん守り続けていこうとする姿勢を感じずにはいられない。他の都市が、いとも簡単に

バラエティに富む京都市伏見区の地名の一部

大阪町	横大路一本木	醍醐京道町
大津町	横大路柿ノ本町	醍醐切レ戸町
越前町	横大路上ノ浜町	醍醐御所ノ内
讃岐町	横大路北ノ口町	竹田青池町
周防町	横大路貴船	竹田内畑町
丹後町	横大路草津町	竹田桶ノ井町
肥後町	横大路畔ノ内	中島樋ノ上町
豊後橋町	葭島金井戸町	中島堀端町
伯耆町	葭島矢倉町	中島前山町
毛利町	葭島渡場島町	納所北城堀
両替町	淀池上町	納所下野
帯屋町	淀大下津町	納所中河原
小豆屋町	淀川顔町	日野慈悲町
魚屋町	石田内里町	日野田頬町
恵美酒町	石田大受町	日野田中町
海老屋町	石田大山町	深草大亀谷安信町
紺屋町	小栗栖石川町	深草大亀谷岩山町
指物町	小栗栖岩ケ淵町	深草大亀谷大谷町
紙子屋町	小栗栖牛ケ淵町	深草大亀谷金森出雲町
革屋町	小栗栖北後藤町	桃山筑前台町
墨染町	久我石原町	桃山筒井伊賀東町
瀬戸物町	久我御旅町	桃山長岡越中南町
樽屋町	久我西出町	桃山羽柴長吉中町
西鍵屋町	御香宮門前町	桃山福島太夫西町
舞台町	下鳥羽長田町	桃山福島太夫南町
風呂屋町	下鳥羽上三栖町	桃山水野左近西町
聚楽町	下鳥羽上向島町	桃山毛利長門西町

伝統地名を葬り去ったのとは対照的である。

京都府は全般的に地名が多いが、とりわけ京都市伏見区は多く、郵便番号の数は631件もある。古い地名がほとんどそのまま残っており、バラエティに富んだ地名が集中している。

なかでも目立つのが旧国名の地名で、阿波、越前、加賀、讃岐、周防、丹後、肥後、越前などが目白押しだ。また、人名地名の多さにも目を見張る。他都市ではまず見られないフルネームの人名地名がうなるほどある。桃山羽柴長吉中町、桃山福島太夫西町、桃山水野左近東町、桃山町永井久太郎など、地名が実に長い。宛名を書くときはさぞ面倒だろう。さらに、風呂屋町、瀬戸物町、石屋町、塩屋町などといった城下町特有の職業地名も顔をのぞかせる。

ではなぜ、このように京都の伏見には伝統地名が数多く残っているのか。

1594（文禄3）年、豊臣秀吉は伏見に居城を築き、城下に全国の諸大名を住まわせた。当時の伏見は、日本の政治経済文化の中心地であり、その名残を地名にとどめているわけだ。それを良識ある京都の人々が守り続けてきたのである。

2 奈良に残る全国の旧国名は、大和朝廷の支配力のあかし

奈良の歴史地名

大和国、つまり現在の奈良県は日本で最も早くから開けた地の1つである。4世紀の初めには、奈良盆地に強大な権力を持った大和朝廷が登場した。7世紀には、日本で初めての都城《とじょう》（碁盤の目のような都市計画）である藤原京が飛鳥に造営され、律令制による中央集権国家が次第に整っていった。8世紀の初めには、大和盆地の北部に平城京が建設され、大和は日本の政治文化経済の中心地として繁栄したのである。

奈良盆地の地名を見ていくと、但馬、武蔵、三河、石見など、旧国の地名が数多くある。全国68国のうち、陸奥や出羽、畿内の国など一部を除けば、ほとんどの旧国名が大字、小字として奈良盆地に残っている。また、奈良盆地には旧国名ばかりではなく全国各地の地名があり、どれほどの地名が埋もれているかは想像もつかない。

なぜ他地域の地名が奈良盆地にあるのだろうか。

一般的に、動力もなく文明も十分に発達していなかった時代に、東大寺や興福寺、法隆寺などのような大寺院を建立したり、道路の建設や整備をしたりするのは非常に困難であり、多くの労働力を必要とした。到底、大和周辺に住む人々の労働力だけではまかないきれず、朝廷は諸国に命じて人々を奈良に集めたのである。旧国の地名は、諸国から駆り出された人々の居住地だと考えられている。

奈良にある旧国名には、吉備《きび》などのように、旧国が分割される前の古い地名も残っている。このことから、大和朝廷は、全国が68ヵ国に分けられる以前から、支配力が及ぶ地域に力役（肉体労働）を課していたことが想像できる。

一方、奈良盆地には畿内の旧国名である摂津、山城、河内、和泉の地名は見ることができない。これは、畿内は国が直接支配する特別な地域であったため、力役は免除するという優遇措置がとられていたことを意味すると思われる。

都城は諸国の労働力が1カ所に結集されて完成したもので、大和だけの力でなしえたものではない。これは逆に、朝廷の権力がいかに強大であったか、支配が全国に及んでいたかを示す何よりの証拠である。地名はそれを如実に物語っている。

奈良盆地にある旧国名の地名

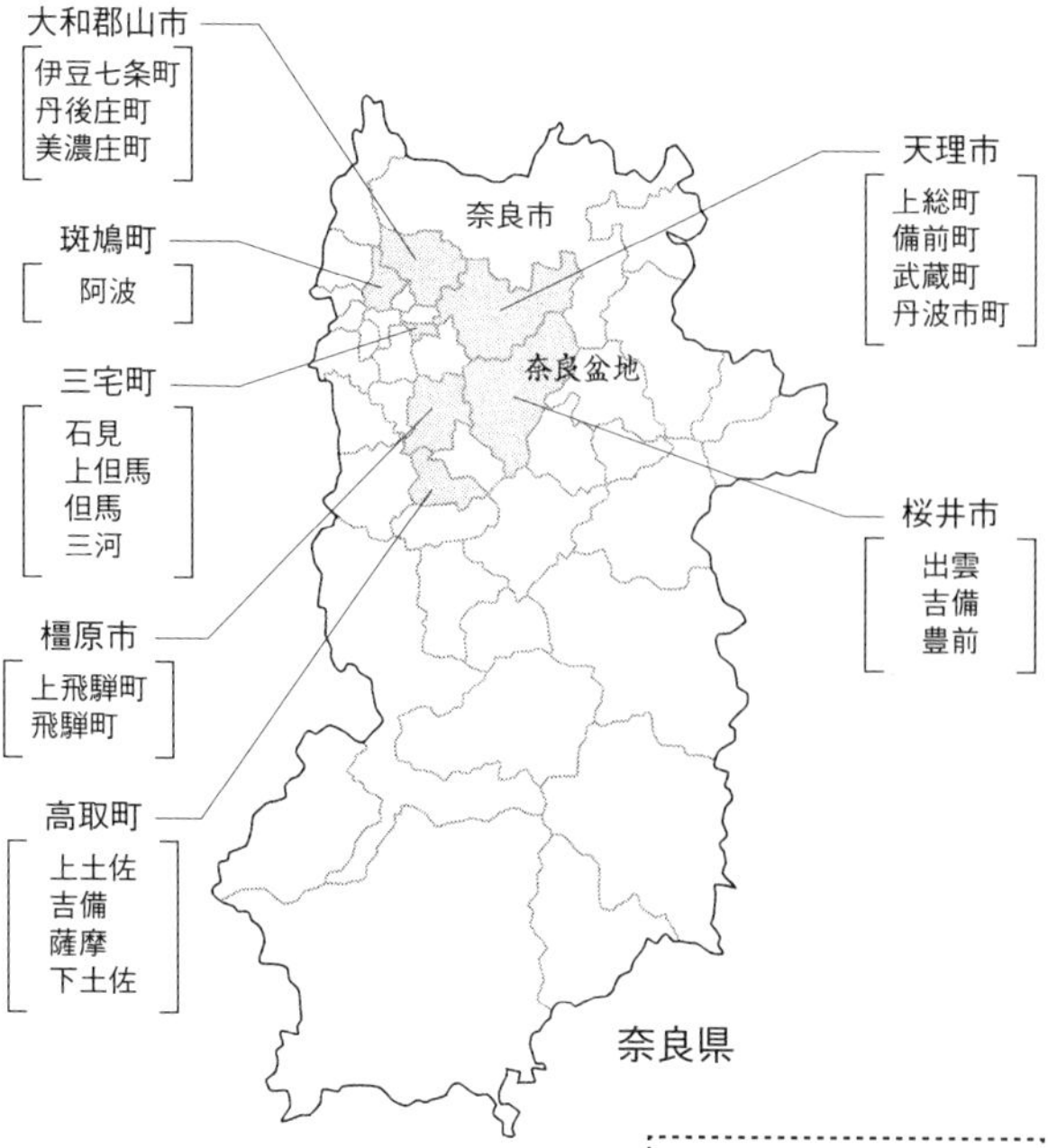

ここにあげたのはすべて行政地名であり、小地名を含めると相当な数になる

3 550年前の戦乱から生まれた地名「西陣」

京都の歴史地名

京都市上京区の北西部に「西陣」という地名がある。高級絹織物の産地として、全国的に有名なところだ。この西陣という地名は、応仁の乱が起こっていなければ生まれなかった地名である。

応仁の乱は、1467（応仁元）年に勃発した京都最大の戦乱である。将軍足利義政の弟義視《よしみ》と実子の義尚《よしひさ》の将軍家跡目争いに、畠山・斯波《しば》両氏の家督争いが絡んで、山名宗全（持豊）と細川勝元の2大勢力が激突するという大規模な内戦へと発展した。

機織《はたおり》師たちは戦乱を逃れて、奈良や大津などの地方に疎開した。山名宗全率いる西軍は、堀川上立売《ほりかわかみだちうり》にあった宗全の屋敷に陣を張り、東軍の細川勝元と対峙した。西軍が陣を構えたところが、織物業の盛んな京都の北西部である。西軍の陣地が置かれたことから、この地域を後に「西陣」と呼ぶようになった。

11年にわたる戦乱で、京都はすっかり荒廃した。各地に疎開していた機織師たちは、続々と両軍の陣地跡に戻って復興に取り組み、再び営業を始めた。

ところが、東軍の陣地跡で営業を再開した練貫座《ねりぬきざ》と、西軍の陣地跡に店を構えた大《おお》舎人座《とねりざ》との間で、機織業をめぐる主導権争いが勃発したのである。軍配は大舎人座に上がり、ここでの営業独占権を獲得し、将軍家直属の織物所にも指定されたことにより、西陣は大機織業地帯に発展したのである。

それ以来、ここで織られた絹織物は西陣織と呼ばれ、高級絹織物の産地としてその名は全国に広まった。美しく優美な高級織物の西陣織の陰には、このようなドラマが秘められているのである。現在の西陣は、小さな町工場が密集した地域で、西陣織の技術と伝統を伝える西陣織会館もある。

京都の西陣は行政地名ではないが、２０１０年に誕生した愛知県みよし市には陣取山という丘があり、その東側に西陣取山と東陣取山という地名＝行政地名がある。由来は不明だが、尾張と三河の国境付近だけに逸話があるかもしれない。

4 「京極」は京の街並みが終わる地、の意味

京都・奈良の歴史地名

新京極は京都市の最大の繁華街としてよく知られている。京極通りの東側を南北に走る街路で、河原町通り西側にある三条通りと四条通りの500mほどの間には娯楽施設や飲食店などが連なり、外国人観光客や修学旅行生を相手にした土産物店も軒を連ねている。

そもそも京極とは、京の果て、すなわち平城京や平安京などの4面を区切る境界をいう。平安京建設から800年後の1590（天正18）年、豊臣秀吉の都市改造計画により、新たな京極がつくられた。秀吉は市街の整備と京都の防衛を兼ねて、洛中に散在していた寺院を、平安京時代の東京極《ひがしきょうごく》大路に強制的に移転させ、道の東側に整然と寺院を並べた。庶民からは寺町通りとも呼ばれ、寺の境内は縁日などで多くの人たちが集まり、芝居小屋や娯楽場などもできるというにぎわいぶりだった。

だが、その京極通りもやがて陰りを見せ始める。1872（明治5）年、京都府参事槇村正直は、東京へ首都が移転したことで沈滞ムードが漂う古都京都を活気づかせるために、京極に歓楽街をつくることを計画した。寺院の敷地の一部を改修して再開発に取り組み、京極通りの東側に新しい街路を誕生させた。それが新京極である。

東京極大路に対して西京極大路もあったとされるが、現存していない。その代わり、右京区の桂川東岸の地区名になっている。野球ファンには、阪急ブレーブス（現・オリックスバファローズ）の準本拠地だった西京極球場でなじみのある名前である。

奈良市に「京終《きょうばて》」という地名がある（北京終町・南京終町など）。鎌倉時代からの古い地名で、奈良市街の南の隅に位置しており、昔は交通の要衝として栄えた。京終は京の果て、京の町並みが終わるところにある地という意味。「京果て」に「京終」の文字が当てられたとみられる。要するに、京終は京極と同じ意味の地名なのである。

なお、北海道の羊蹄山の麓に京極町《ちょう》という自治体がある。これは1897（明治30）年、丸亀藩の京極高徳《たかのり》が開拓したことに由来する。当初は東倶知安《くっちゃん》村だったが、昭和になって京極町に改称された。

5 北海道の地名に「別」や「内」が多いワケ

北海道のアイヌ語地名

北海道の地名は、アイヌ語に由来したものが多い。ほとんどは漢字で表記されるが、これは明治政府がアイヌ民族に対して日本語への同化政策を進めるとともに、アイヌ語地名の発音に無理やり漢字を押し込んだからである。

特に、稚内《わっかない》、歌志内《うたしない》、静内《しずない》、江別《えべつ》、女満別《めまんべつ》、登別《のぼりべつ》など、「内」と「別」の字を使った地名が多いが、これもアイヌ語に由来する。

「ナイ」は川や沢を意味する言葉で、それに「内」の字を当てた。「ベツ（ペツ）」も川、沢を意味し、「別」の字を当てた。アイヌ語地名は、ほとんどが山や川、谷、海など、地形に関するものといってよい。狩猟、漁猟、採取を生活手段としていたアイヌ民族にとって、食料を得られる川がいかに重要なものであったかが想像できる。

採取狩猟民の宿命として、アイヌは食料を求め、移動して生活することを余儀なく

北海道にある「別」「内」「幌」のつく市町村名

稚内市
浜頓別町
中頓別町
幌延町
遠別町
初山別村
羽幌町
幌加内町
秩父別町
芦別市
歌志内市
当別町
札幌市厚別区
喜茂別町
神恵内村
岩内町
黒松内町
士別市
愛別町
南幌町
紋別市
湧別町
上湧別町*
美幌町
女満別町*
標津町
津別町
陸別町
士幌町
上士幌町
本別町
中標津町
音別町*
浦幌町
幕別町
更別村
中札内村
江別市
登別市
壮瞥町
静内町*
門別町*
穂別町*
木古内町
知内町
*は平成の大合併で消滅した町

された。したがって、食料が得られる場所の目印がどうしても必要だったわけである。単に「あそこの川」ではなく、「砂の多い川」とか、「川尻に島のある川」「仮小屋のある川」「曲がりくねった川」などというように、より具体的に川の様子を表現した地名になったのだろう。

札幌のように「幌」の字がつく地名が多いのも特徴の1つである。羽幌《はぼろ》、美幌《びほろ》、士幌《しほろ》、幌延《ほろのべ》、幌内《ほろない》、幌別《ほろべつ》などと、探せばけっこう多くある。札幌が「サッポロペッ」（乾いた大きな川）であることからもわかるように、「幌」は「大きい、広い」を意味するアイヌ語地名なのである。

一方、とてもアイヌ語とは思えない地名もある。アイヌ語を和訳して、それに漢字を当てた地名も多いからだ。砂川（オタウシナイ、砂の多い川）、滝川（ソーラプチペ、滝のかかる川）、川湯（セセキペツ、湯の川）などがそれだ。したがって、文字だけでは、それがアイヌ語地名かどうかを判別できない難しさがある。

明治以降に生まれた地名に、アイヌ語地名はない。そのため、新しく開発された市街地の地名は、本町、新町、旭町、末広町といったありふれた地名が多い。

6

移住者の望郷の念がにじむ、北海道の本州地名

北海道の本州地名

北海道にはアイヌ地名のほか、本州方面の地名、たとえば県名などと同じ地名もよく見られる。

明治に入って、新政府の政策のもと、北海道に多くの開拓者が入植し、厳しい自然に立ち向かって荒れ果てた原野を開墾していった。誰だって、自分の生まれ育ったふるさとには、格別な思いがあるものだ。ふるさとを遠く離れれば、その気持ちはなおさら強いものになる。出身地の地名を入植地につけたとしても、決して不思議なことではないだろう。

札幌市近郊にある北広島市は、かつては広島村という寒村にすぎなかった。同市のホームページによると、1884年、広島出身の和田郁次郎がこの地に入植し、広島県人25戸103人とともに移り住んだ。皆よく働き、やがて1200人の大集落に発

展した。北海道庁長官は「和田村」と名づけるよう提案したが、郁次郎は「皆で開拓したので」という理由から、故郷の地名を借用して広島村と名づけた。その後、1968年に広島町となり、1996年に広島市との混同を避けるため、北広島市として市制を施行した。

石狩川流域にある新十津川《とつかわ》町も、1889年の災害で田畑と家屋を失った奈良県十津川村の人たちが、新天地を求めて集団移住した地である。ここも、本家の十津川村をしのぐ発展ぶりだった。昭和の高度経済成長期には、人口で十津川村を超える1万6000人に達したが、その後過疎化が進み、現在は7000人程度である。なお、新十津川町と十津川村とは同じ町章・村章を用いている。

このほかにも、香川、鳥取、岐阜、岩手、出雲など、県名や旧国名、都市名などを入植地につけたと思われる地名が、北海道のほぼ全域で見られる。

出身地の地名をつけることを好まなかった人たちも大勢いただろうし、同じ地域に複数の地方からの入植者がいた場合もあったと思われる。地名の陰に、入植者たちの血のにじむような苦労がしのばれるようで感慨深い。

北海道にある県名、旧国名と同じ地名

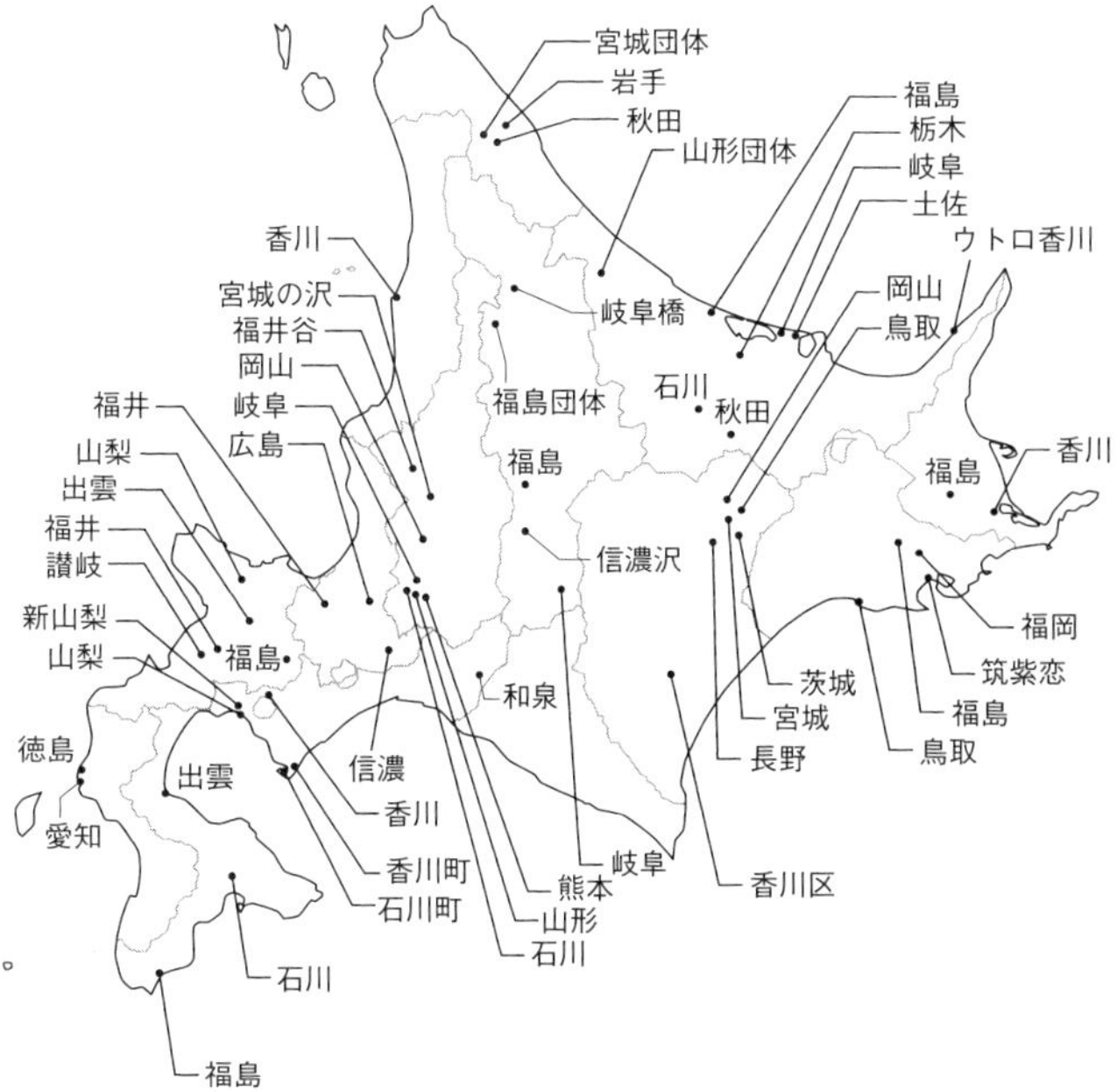

7 岩がゴロゴロから名づけられた「野口五郎岳」

長野県ほかの方言地名

　北アルプスのほぼ中央部、長野県と富山県の県境にそびえる野口五郎岳は、同名の歌手がいることでよく知られている山だ。地名には方言由来のものもあり、この野口五郎岳も方言地名の1つである（27ページ参照）。

　山中にある岩場のことを、この地方の方言で「ゴーロ」と呼ぶ。岩がゴロゴロしているから「ゴーロ」なのだろう。そのゴーロに漢字の「五郎」を当てたのだ。野口はこの山の東面に当たる長野県大町市にある集落名。野口五郎岳の西南、黒部川源流付近には黒部五郎岳がある。

　南アルプスの聖岳《ひじりだけ》も方言地名の1つ。沢が肘のように屈曲していることを「ヒジル」と呼び、それに「聖」という字を当てた。山梨県富士吉田市の東部にある杓子《しゃくし》山は、ガレ場（石塊のゴロゴロした急斜面）を「シャクシ」と呼ぶことにちなんでいる。

広島県の野呂山は、ガレ場とは正反対の緩傾斜の山である。「緩やか、鈍い」を意味する「ノロイ」に発音が同じ漢字を当てたものだ。

岐阜県の美濃地方には、「洞《ほら》」のつく地名が多い。この地方では谷のことを洞という。関市…洞戸《ほらど》地域（旧・洞戸村）・塔ノ洞《とうのほら》、岐阜市…大洞《おおぼら》・洞・椿洞・三田洞《みたほら》、美濃市…神洞《かんぼら》・樋ケ洞《ひがほら》、御嵩町《みたけ》…西洞《さいと》など、「洞」は、美濃地方および愛知県北部特有の地名である。

愛知県には特有の地名として「狭間《さま》」がある。織田信長と今川義元の合戦が行われた、古戦場で有名な桶狭間（名古屋市緑区と豊明市にまたがる地域）がその代表だろう。狭間（はざま）とはもともと、狭い谷間を意味する言葉であり、矢・鉄砲などを撃つために城壁や櫓などに設けられた小さな窓も狭間《さま》という。愛知県以外でも、栃木県高根沢町、東京都八王子市、京都市、兵庫県三田《さんだ》市、大分県国東《くにさき》市にあり、同じ意味の「挾間《はさま》」が福岡県豊前《ぶぜん》市と大分県由布市（旧・挾間町《はさままち》など）にある。

方言地名は全国各地にある。「ゴーロ」の方言に「五郎」の字を当ててできた妙ちくりんな地名も、地名の面白さの1つだ。

沖縄の方言地名

8 沖縄では、「西《にし》」と書いて「北」を表す

沖縄は明治初期までは尚《しょう》氏の治める「琉球」という独立国家だった。そのため、沖縄特有の言語があり、地名にも方言由来が数多く見られる。沖縄独特の地名といえば何といっても「城《ぐすく》」だ。これは、城を「グスク」と読むというより、石垣で囲った建造物を意味する方言の「グスク」に、「城」の字を当てたというほうが正解だろう。

合併により歴史のある地名が失われつつあるが、沖縄も例外ではない。2006年、平成の大合併で玉城《たまぐすく》村、知念《ちねん》村、大里《おおざと》村、佐敷《さしき》町の4町村（沖縄県の町村はすべて「ちょう」「そん」と読む）が合併して南城市が誕生した。「ミナミグスク市」ではなく「ナンジョウ市」である。

実は、過去にも「グスク」から「シロ」に改称した例がある。1994（平成6）年に与那城《よなぐすく》村が、町制施行と同時に与那城《よなしろ》町に改称した。その与那城町も2005年

に具志川市、石川市、勝連《かつれん》町と合併して、うるま市となった。

アイヌ語を当てた北海道の地名と同様、沖縄の地名にも方言の意味を漢字で表記したものと、方言の発音に漢字を当てたものがある。

日本最後の秘境といわれる西表島《いりおもて》は、1965（昭和40）年にイリオモテヤマネコが発見されて以来、すっかり有名になり「ニシオモテ」と読む人は少なくなった。沖縄では、太陽が海に「入る」西のことを「イリ」と呼ぶ。与那国《よなぐに》島にある日本最西端の西崎も「イリザキ」である。

ところが、同じ「西」でも方言の「イリ」と読む地名と、「ニシ」と読む地名が混在しているからややこしい。うるま市の西原は「イリバル」だが、那覇市郊外の西原町は「ニシハラ」と読む。実は、西原町の「西」は方角の西ではない。

沖縄では、東を「アガリ」、南を「フェー」、北を「ニシ」と呼ぶ。西原町は、かつての区域が琉球王朝の首都だった首里の北に位置していたことから「ニシハラ」の地名が生まれた。浦添市西原《にしはら》も同じ理由だ。「北」の意味で方言を残し、漢字は「西」を当てたため、ややこしくなった。

9 「三日町」「八戸市」――市日や馬戸《うまへ》の数字が今に残る

青森県・岩手県のナンバリング地名

数字の地名にも、しっかりと歴史が息づいている。その一例が「市《いち》」にちなんだ地名だ。「市」の前につく数字は市日を意味しており、たとえば三重県四日市市は4のつく日、新潟県十日町市は10のつく日に市が開かれた。

市町村内の住所にも市日由来の地名がよく見られる。特に青森県八戸市には朔日《ついたち》町以下、三日町、六日町、八日町、十日市（ここだけ「町」がつかない）、十一日《じゅういちにち》町、十三日町、十六日町、十八日町、廿三日《にじゅうさんにち》町、廿六日町がある。

八戸市といえば、一戸《いちのへ》から九戸《くのへ》までのナンバリング地名の1つでもある。このあたりは名馬の産地であり、11世紀に馬糠を扱う地域を指す糠部《ぬかのぶ》郡が置かれた。糠部郡では貢馬《こうば》（馬を朝廷に納めること）のための共同体として馬戸《うまへ》が設置され、後に一戸から九戸まで広がったといわれる。

八戸市周辺にあるナンバリング地名

欠番の四戸《しのへ》について、二戸市内に四戸城跡があるが、推定地としては、馬淵川《まべち》に沿って上流から一戸から五戸に並んでいることから、三と五の間に当たる五戸町浅水付近と考えられる。

また、青森県の太平洋側には、一川目《ひとかわめ》から六川目《むかわめ》までの地名がある。江戸末期、この海岸で漁業をする者が納屋を建てた集落で、南から開拓順に番号が振られたものだという。

10 札幌市の「条」地名の広がりにも歴史あり

北海道のナンバリング地名

前項の「市」や「戸」のついた地名は歴史を感じさせるが、住所を示すだけのナンバリング地名は一見すると味気ない。8章で触れるが、住居表示法で生まれた「○丁目○番○号」と同じようなもので、わかりやすく機能的であるには違いないが、地名からはその土地の文化や生活の香りが伝わってこない気がする。

北海道にはナンバリング地名が多いが、やむをえない面がある。明治になるまで、ほとんど未開地であったからだ。新政府の命令のもとに、荒れ果てた未開の原野に開拓使を置き、本州から多くの人々を移住させた。入植者たちは原野を切り開き、荒れた地に鍬を入れた。道路を建設し、橋を架けた。地形はなだらかで障害物も少なかったため、より機能的な直線の道路がつくられていった。

特に道都札幌市の成長は著しく、1970（昭和45）年の冬季オリンピック開催の影響などもあって市街地はどんどん広がり、新たに「屯田《とんでん》」「新琴似《しんことに》」「菊水」「月寒《つきさむ》」「発寒《はっさむ》」といった地名を「条」の上に冠した市街ができていった。

「条」地名は札幌以外では旭川市、帯広市といった大都市のほか、北見市、網走市、士別市、名寄市などにある。「条」のほか、「線」が富良野市、上富良野町、長沼町などに、「号」が鷹栖町《たかすちょう》、東神楽町などにある。長沼町には「区」もある。一方、早くから開けた函館市は本州と同じ「○○町」だし、小樽市にも固有の地名がついている。

札幌は南北を「条」で表し、東西を「丁目」で表す。「条」は札幌のメインストリートである大通《おおどおり》を起点に、北に向かって1条から51条まで、南に向かって1条から39条まである。「丁目」は札幌テレビ塔の東にある創成川《そうせい》を起点に、東西それぞれに向かって30丁目まである。

創成川は札幌開発3年前の1866（慶応2）年に開削された大友堀を前身とするが、この大友堀がほぼ真北に直進していたため、碁盤のような市街建設がうまくいったともいわれている。町の成長過程を知れば、ナンバリング地名にも意外に歴史が感じられるかもしれない。

11 希少な字名「触・免・郷・名」が現存する長崎県

長崎県の伝統地名

長崎県の地名は独特で壮観ですらある。長崎市や佐世保市などの都市では見られないものの、一部の市町では字名が、「触《ふれ》」「免《めん》」「郷《ごう》」「名《みょう》」「甲・乙・丙……」などをつけることで見事なまでに統一されている。長崎県は、以前は79あった市町村が平成の大合併により23となった大幅減少の県ではあるが（243ページ参照）、旧町村単位でこれらの地名は残っている。

玄界灘に浮かぶ壱岐《いき》市は、2004年に旧壱岐郡4町が合併して誕生したが、市内の字名が「勝本町坂本触」「石田町石田西触」というように最後が「触」で終わるものがほとんどで、まれに「勝本町勝本浦」「芦辺町芦辺浦」のように「浦《うら》」で終わるものがある。「触」とは農村部の散村のことで、「浦」とは海岸付近の集落のこと。また、すべての字名に旧町名を冠しているのも珍しい。

同じように、松浦市と、平戸市田平町・生月町の一部（旧・北松浦郡）、佐々《さざ》町（北松浦郡）が字名の語尾を年貢の割合を示す「免」で統一している。佐世保市にも大正時代までは八反間《はったんま》免や中通免など「免」のつく字名が多く見られたが、その後は一般的な「〇〇町」に置き換えられていった。

「郷《ごう》」で終わるのが西海《さいかい》市大瀬戸町・西海町・西彼町《せいひちょう》・崎戸町の一部（旧・西彼杵《にしそのぎ》郡）、長与町《ながよちょう》・時津町《とぎつちょう》（西彼杵郡）、東彼杵町・川棚町・波佐見町（東彼杵郡）、新上五島町（南松浦郡）。「名」で終わるのが雲仙市吾妻町（旧・南高来《みなみたかき》郡）。「名」も徴税の単位だ。

また、「甲・乙・丙……」という十干《じっかん》で終わるのが、雲仙市国見町・千々石《ちぢわ》町・瑞穂町・南串山町（旧・南高来郡）、南島原市加津佐町《かづさまち》・北有馬町・口之津町《くちのつちょう》・深江町・布津町《ふつちょう》・南有馬町（旧・南高来郡）だ。たとえば、雲仙市国見町神代《こうじろ》甲から乙丙丁戊《ぼ》己《き》庚《こう》までである。

「郷」「名」「免」などの字名が平成の大合併によって消滅したケースも多い。これも消えゆく地名の1つといえよう。

12 「大田区」「国立市」――実は東京にも無数にある合成地名

東京の合成地名

2章でも触れたが、全国にはあふれるばかりの合成地名がある。その背景には、「住民感情に配慮し、合併する町村名から1字ずつとって、それを新しい市町村名にせよ」という、国からの強い指導があった。お上に弱い地方の首長たちは、それを忠実に守った。その結果、合成地名が大量生産されたのだ。

住民たちにも合成地名に賛成する人は少なくなかった。慣れ親しんできた町の名前が、合併で消えるのは寂しい。せめて1字だけでも残したいと思うのが人情である。

東京にもおびただしい数の合成地名があるが、合成されてから何十年も経過し、すっかりその地域になじんでいるものも多い。

最も有名なのは、何といっても大田区だろう。大田区は東京が35区から23区に改編されたときに、大森区と蒲田区が合併して生まれ、れっきとした合成地名である。

中野区の場合は微妙だ。中世には「中野郷」の文字が登場し、明治になって現在のJR中野駅周辺に中野村ができ、1897（明治30）年に中野町に昇格した。一方、現在の江古田、沼袋、野方、鷺宮あたりには野方《のがた》村から昇格した野方町があった。この2町の区域が1932（昭和7）年の35区制定で中野区となるのだが、区名が中野町からきたのか、中野町と野方町の合成地名かがはっきりしていない。野方町住人にとっては、合成地名と捉えたほうがいいのかもしれないが。

ほか、多摩地区の昭島《あきしま》市は、昭和町と拝島《はいじま》村が合併して生まれたもので、清瀬市は、清戸村と近くを流れている柳瀬川からつけられた。学園都市として有名な国立《くにたち》市は、1926年、中央線の国分寺駅と立川駅の間に新駅が設置される際、両駅名から1字ずつとって国立駅としたことに由来する（西国分寺駅開業は1973年）。1951年、駅のある谷保《やほ》村が駅名をもとに「国立町」にしたという珍しいケースである。

このほかにも、中央区新富（新島原と大富村の合併）、世田谷区代沢《だいざわ》（下北沢村と代田村の合併）、板橋区蓮根（上蓮沼村と根葉《ねっぱ》村の合併）、江東区千石（千田町と石島町の合併）というように、小さな地名も含めれば、かなりの数の合成地名がある。

第5章

地名を見れば、その土地の自然と地形がわかる

1 「寝姿山」「荒船山」——人々の想像力がそのまま山名に

形に由来する山名

山国の日本には数えきれないほどの山があり、その一つひとつに名前がついている。山の名前は、その山容から連想されるものになっているケースが多い。

たとえば、北アルプスの槍ヶ岳は、頂上が槍のように尖っているからであり、群馬県と長野県の県境にある荒船山《あらふねやま》は、荒海を航行する船のような形状をしている。また、全国各地にある飯盛山（いいもりやま・めしもりやま、など）は、椀に飯を盛った形をしているからである。

甲斐駒ヶ岳や木曽駒ヶ岳など、全国に30座（座は山の数え方）ほどある駒ヶ岳の多くは、山容が馬（駒）に似ていることによる。千葉県や奥多摩などにある鋸山《のこぎりやま》は、山容が鋸の歯のようにギザギザしている。弓矢の矢の末端にあり弦《つる》を受ける部分を矢筈《やはず》というが、このようなM字型にへこんだ形をしている山は矢筈山（やはずやま・〜さん）と呼ばれ、最も高い徳島県の矢筈山ほか16座ほどある。

そのほか、兜《かぶと》の形をした兜山（山梨県ほか）や甲山《かぶとやま》（兵庫県）、家の形をしている家形山《いえがたやま》（山形・福島県境）、将棋の駒を並べたような将棋頭山《しょうぎがしらやま》（長野県）、四角いマスのような形をした枡形山《ますがたやま》（新潟・山形県境）、俵のように丸みを帯びた俵山《たわらやま》（熊本県）、笠を伏せたような形の編笠山《あみがさやま》（山梨・長野県境）や笠置山《かさぎやま》（岐阜県）など、あるものの形に見立てて名づけられた山名は数限りない。

動物の名前がついた山もある。瀬戸内海の代表的な景勝地として知られる鷲羽山《わしゅうざん》（岡山県）は、ワシが羽を広げて飛び立つ姿に似ていることから。燕岳《つばくろ》（長野県）は、ツバメが羽を広げた姿に見えることが山名の由来といわれる。「こんぴらふねふね」に歌われる香川県の象頭山《ぞうずさん》はゾウの頭だし、鶏頂山《けいちょうざん》（栃木県）や鶏冠山《とさかやま》（山梨県）は読んで字の如く、ニワトリの頭頂部に似た岩峰があることから名づけられている。

伊豆の下田市には、寝姿山《ねすがたやま》という裸婦が仰向けに寝ている姿に見えることから名づけられた色気のある山名もある。別の人が名づけていれば、また違った名前がついたのかもしれない。

2 見る場所が変われば、同じ山の名前も変わる

複数の名前を持つ山

山名は住所などを示す地名とは違い、複数の名前を持っていることがある。前項で紹介した下田市の寝姿山は、武山《ぶざん》の別称であり、象頭山も琴平山《ことひらやま》の別称である。後述するように、神奈川県の大山《おおやま》は雨降山《あめふりやま》ともいう。

山容が富士山のように美しいことから「○○富士」の愛称がついた山は、全国各地にある。羊蹄山《ようていざん》は「蝦夷富士」、岩木山《いわきさん》は「津軽富士」、黒姫山《くろひめやま》は「信濃富士」、開聞岳《かいもん》は「薩摩富士」というように、多くはその地域の地名や旧国名がつけられている。「○○富士」は郷土富士、ふるさと富士とも呼ばれ、全国に400座以上もある。

秋田と山形の県境にそびえる鳥海山《ちょうかいさん》には「出羽富士」の別名がある一方で、秋田県側からの呼称として「秋田富士」の名もある。中国地方きっての名山として知られる大山《だいせん》は「伯耆富士」と呼ばれるが、これは伯耆国（鳥取県）側からの名前であり、島

根県側からの呼称として「出雲富士」の名がある。

このように、1つの山が地域ごとに別々の呼称を持っているのは、高くそびえる山が地域のシンボルとして人々に親しまれてきた証拠であり、自分たちの山であることをより強く意識して名づけられたのだろう。

秋田と岩手の県境に、乳頭山《にゅうとうざん》という山がそびえている。山頂が女性の乳房の形に似ていることが山名の由来という。しかし、岩手県側から見ると乳房の形には見えない。乳頭山は秋田県側からの呼称で、岩手県側からは、神主のかぶる烏帽子《えぼし》に見えることから烏帽子岳と呼ばれ、それが正式名となっている。

考えてみれば、山が見る場所によって違う形に見えるのは当然である。それなのに、2つ以上の名前を持っているのは少数で、ほとんどの山が1つの名前しかない。むしろそのほうが不自然である。

だが、かつてはどの山も、それぞれ地域によって異なる名前を持っていたと思われる。県境にそびえる山には、特にその可能性は高いはずだ。それがいつとはなく、1つの山名に統一されてしまったのだろう。

3 雨乞いの歴史を今に伝える、「雨」のつく山名

「雨」のつく山

山名には、形状を表したもののほかに、気象に由来したものも多い。特に「雨」のつく山名は全国各地にある。雨水は人々が生きていくために欠かせない自然の恵みであり、雨には格別の思い入れがあったのだろう。

雨は、特に農民にとって最大の関心事だったといえる。現在のようにダムがあったわけではないし、灌漑《かんがい》の知識も持ち合わせていなかった昔の人たちは、神に降雨を祈願するしかなかった。

山には神が宿ると信じられていたから、雨の降らないときは、山に向かって手を合わせ、ひたすら雨乞いをしたのだろう。農民たちの切実な願いがそのまま山名になったのだ。

その名も雨乞岳《あまごい》が、南アルプスの甲斐駒ヶ岳の北にある。鈴鹿山脈の西側にも雨乞

岳があるし、大分県にもある。山口県の北西部にある雨乞台という玄武岩台地の一峰にも、雨乞岳という小さな山がある。雨乞山（あまごいやま・〜さん、あまごやま、ほか）はさらに多い。最も高い愛媛県大洲《おおず》市ほか、群馬県沼田市・渋川市など23座ほどある。山梨と静岡の県境には雨ヶ岳が、新潟と長野との県境には雨飾山《あまかざりやま》が、高知と愛媛の県境には雨包山《あめつつみやま》がある。

丹沢山地の大山の中腹には大山寺があり、山号（寺につける称号）を雨降山《あぶりざん》という。また、大山は阿夫利《あふり》山ともいい、山頂にある阿夫利神社は雨乞いの神を祀っている。雨降山は大山以外にも群馬県、島根県などに6座ある。和歌山県には雨引山《あまびきやま》が、栃木県には雨巻山《あままきさん》がある。

東京都のあきる野市には、雨間《あめま》という地名がある。これは鎮守の雨武主《あめむす》神社にちなんだ地名だといわれ、この神社では雨乞いの儀式が行われてきた。このような雨乞いの行事は各地で行われていたし、雨乞い唄が民謡として諸国に伝わった。

雨は昔の人にとっては命綱ともいえる尊い天からの恵みである。人々が雨にいかに深く感謝して生活してきたか、その様子を地名から読み取ることができる。

4 なぜ山なのに「森」と呼ぶのか？

森は山を意味する語ではないはずだ。木々の茂るこんもりと盛り上がった丘を森というのなら理解できるが、1000mを超すような大きな山も森という。

たとえば、愛媛県には二ノ森という名前の山があり、高さは西日本で最高峰の石鎚山（いしづちさん・～やま、1982m、愛媛県）以下、第5位の1929mもある。ほかにも、瓶ケ森《かめがもり》（1896m、愛媛・高知県境）、網附森《つなつけもり》（1643m、徳島・高知県境）、安家森《あっかもり》（1239m、岩手県）といった高い山がある。森林に覆われていれば、山の高低に関係なく森と呼んだのだろうか。

神が降下してくるところも森といい、特に神社の木立を指した。また、古くは神社のことを森（杜《もり》）ともいった。境内や裏に茂る森林が鎮守の森である。昔から山は神や祖霊の住む地だと信じられ、山岳信仰の対象にもなってきた。

大和国一宮の大神《おおみわ》神社は三輪《みわ》山を御神体としており、そのため本殿はない。信濃国一宮の諏訪大社上社本宮も、御神体は拝殿の背後に茂る自然林である。山そのものが神であり、神の住むところが森であったわけだ。

そんなところから、山のことを森といったものと思われる。昔はもっと「～森」という山は多かったであろう。ところがいつしか、森が山を意味する語であることが忘れられ、森の後に山をつけて呼ぶようになった。黒森山《くろもりやま》は東北地方を中心に、全国で40座以上ある。三ッ森山（三ツ森山）も、愛媛県、和歌山県、福島県など複数ある。

山の名前は大半が「～山」「～岳」で終わるが、このように東北地方や四国を中心に「～森」があり、「～峰」も少なくない。岩手県にある日本百名山の1つ、早池峰《はやちね》山《さん》は昔からの名前である「早池峰」と呼ぶ人も多い。高知・徳島県境には三嶺（みうね・さんれい）がある。また、「～丸《まる》」という山が、榛ノ木《はんのき》丸、大蔵高《おおくらたか》丸など神奈川県の足柄地方から山梨県東部にかけてよく見られる。「～丘（岡）」という山もある。

ところで山の数を表すとき、よく「座」が使われる。「峰」「山」「岳」などの数え方もあるが、「座」は神様の座るところの意味。日本人の山岳信仰の篤《あつ》さが表れている。

5 「琵琶湖」の呼び名から、その名が生まれた時代がわかる

湖や海岸の形状地名

形状地名は山に限らず、川や湖、海岸にもある。山以外で形状地名が最も多いのは、景勝地などで見られる奇岩怪石だろうか。獅子《しし》岩、天狗岩、桃岩、眼鏡岩、烏帽子《えぼし》岩などは、岩の形状をそのままストレートに表現した地名である。

日本一大きい湖の琵琶湖は、楽器の琵琶の形に似ていることから名づけられた湖名だ。同じく琵琶の形をした琵琶池が、長野県の志賀高原ほか各地に見られる。

長野県北部にある野尻《のじり》湖は、古くは「信濃尻湖」といってそれが変化したものだが、湖岸線の突出が激しいことを芙蓉《ふよう》の葉に見立てた、芙蓉湖という別名がある。湖や池で真ん中がくびれた形をした「ひょうたん池」は、全国の公園などに見られる。その代表は、白鳥の飛来地として有名な新潟県阿賀野市の瓢湖《ひょうこ》だろう。

銚子市先端の犬吠埼《いぬぼうざき》の近くに広がる屏風《びょうぶ》ヶ浦は、屏風を立てたように岩壁が延々と

続いていることが地名の由来である。小さいものでは、屏風岩などの名称は数多くあるだろう。下北半島の仏ヶ浦は、切り立った絶壁で知られる景勝地で、奇岩怪石が仏像や極楽に咲く蓮華に見えることから地名が生まれた。

島の名前はどうか。源平合戦の舞台になった香川県の屋島《やしま》は、遠くから眺めると島が家の屋根に見えるから。世界文化遺産に登録された長崎県の端島《はしま》は、その外観から「軍艦島」の別名がある。琵琶島も各地にある。

下北半島にそびえる恐山の北麓を流れる大畑川の渓流に沿って、豊臣氏の落人が開湯したと伝えられる薬研《やげん》温泉がある。お湯の湧き出ているところが薬研の形に似ているというのが温泉名の由来だ。薬研とは、漢方の薬草を粉にする、中央が窪《くぼ》んで舟の形をしている器のことである。

これらの形状名称から、その地名がいつ生まれたものかがわかる。琵琶湖は形成期が日本最古とされ、古代では「近淡海《ちかつおうみ》」、または「淡海乃海《あふみのうみ》」と呼ばれていた。一方、琵琶が日本に伝わったのは奈良時代以降だから、琵琶湖の名がついたのもそれ以降と推察できる。屏風ヶ浦や薬研温泉などにも同じことがいえる。

6 曲った川は「曲」、谷深い川には「隈」の名がつく

「クマ」のつく川

日本一長い川は信濃川（367km）だが、その上流の214km分、すなわち長野県内は千曲《ちくま》川として流れる。日本三大急流の1つとして知られるのが八代海《やつしろかい》に注ぐ球磨《くま》川だ。世界文化遺産に登録された熊野古道のある紀伊半島を流れるのが熊野川。東北地方で北上川に次いで長い阿武隈《あぶくま》川。四国石鎚山を水源とする久万《くま》川。九州には筑後川の上流にある三隈《みくま》川……。日本にはなんと「クマ」のつく川が多いことか。

クマには「曲」と「隈」の意味がある。「曲」のほうは、曲がりくねった川や道を意味し、「隈」は奥まったところ、谷深いところ、入り組んだところなどを意味する。広義的にはあまり「曲」と「隈」に違いはないように思われるが、前述の千曲川はまさしく「曲がりくねった」の意味だろう。日本は狭い国土に険しい山々が連なっているため、急流であるばかりではなく、曲がりくねった川が多い。

一方、熊野川は「隈」の意味が強くなる。熊野川は、大化の改新以前の紀伊国南部の名称、熊野国に由来する。また「熊野」の由来については、江戸時代後期に紀州藩が編纂した『紀伊続風土記』に、「熊野は隈にてコモル義にして山川幽深《ゆうしん》樹木蓊鬱《おううつ》なるを以《もっ》て名づく」とあり、山深く木がうっそうと茂っている様子がうかがえる。

「クマ」のつく地名も「曲」「隈」に由来する。埼玉県北部の熊谷市は「曲」からきており、曲がった谷、荒川の曲流地に開けた地、という意味から発生したと思われる。九州の熊本は古くは「隈本」と書き、加藤清正が入城後に「畏」（おそれる）の字が入っている「隈」を避けて「熊本」に改められたとされる。熊本の由来は諸説あるが、入り組んだ地形や、市内を流れる白川の曲がった様子という説がある。なお、日本全国には熊野町という地名があるが、その大半が熊野神社由来である。

川と「曲」に関係した地名はほかにもある。花火大会で有名な秋田県の大曲市《おおまがり》（現・大仙市《だいせん》）は、雄物川《おもの》の曲流部に発達している。「大曲」という地名は全国にあり、東京を流れる神田川の曲流点付近にも大曲の地名がある。このように、ストレートに「大きく曲がる」と表現した地名のほか、熊、曲、隈などを当てた地名も多い。

7 「瀬田川」「宇治川」「淀川」は、実は同じ川

流域で名前が変わる川

源流から河口まで、一度も名前を変えることなく流れていく川もあるが、前項であげた信濃川のように、多くの川は上流と下流とで名前が異なる。

大阪湾に注ぐ淀川は、わずか75㎞の短い川だが、3つの名前を持つ。琵琶湖から流れ出た段階では瀬田川を名乗り、京都府境を越えると宇治川と名を変える。そして桂川と木津《きづ》川を合わせた地点から、淀川となって大阪湾に注ぐ。その桂川も上流では大堰《おおい》川といい、中流では保津《ほづ》川、京都盆地に入ったところで桂川になる。信濃川同様、阿賀野《あがの》川は新潟県流域だけの名称で、上流の福島県では阿賀《あが》川と呼ぶ。

河川法では、一般的に河口部の名称で扱っている。右の例もその法則に従っているが、逆転したケースがある。高知県の川といえば四万十川が有名だ。かつては、下流の中村市付近から呼ばれる渡川《わたりがわ》が正式名で、四万十川は通称にすぎなかった。しかし、

名前が変わる川

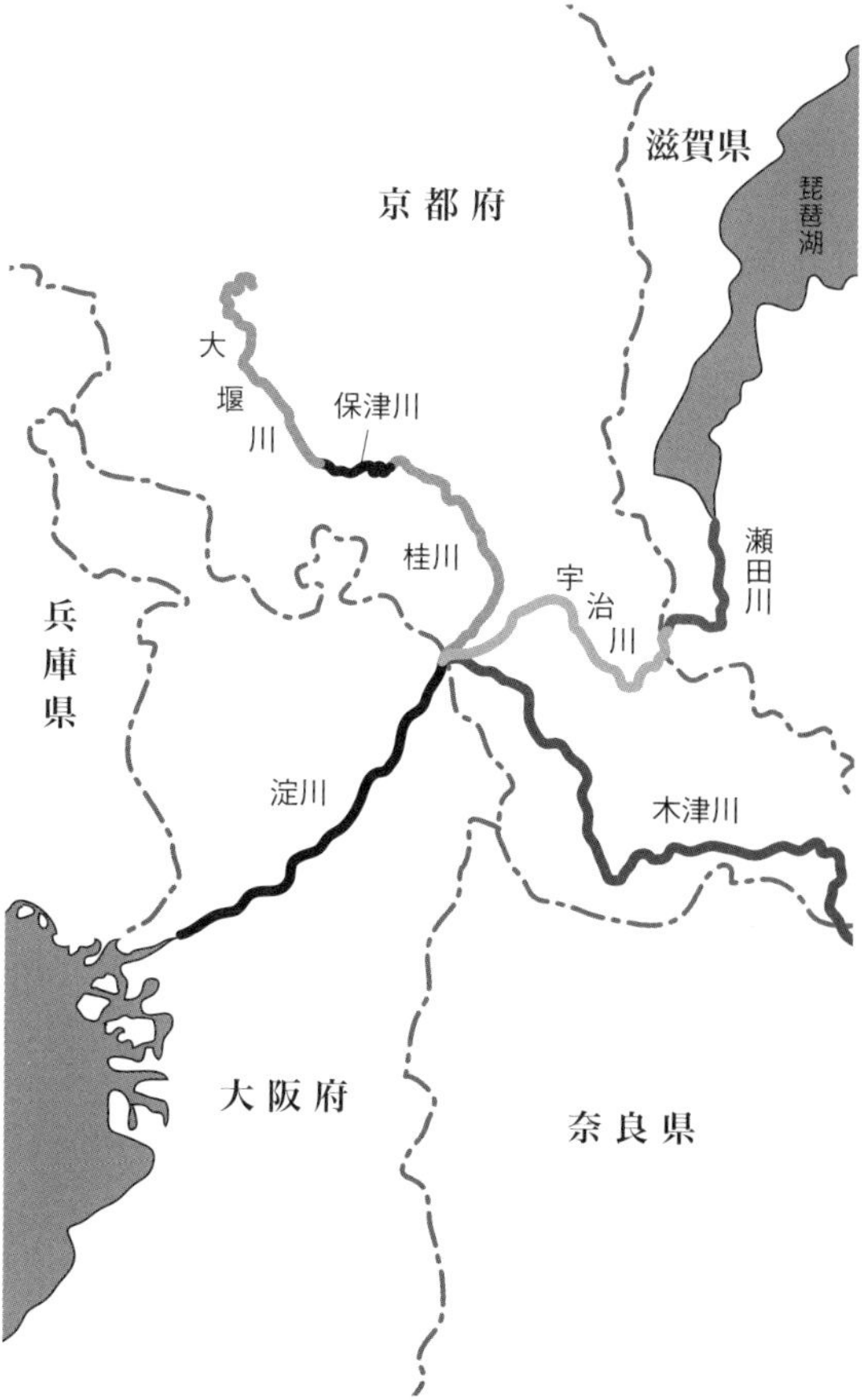

滋賀県
琵琶湖
京都府
大堰川
保津川
桂川
宇治川
瀬田川
兵庫県
淀川
木津川
大阪府
奈良県

マスコミなどで「日本最後の清流」などともてはやされるようになり、地元の強い要望もあって1994年、四万十川に改称された。さらに中村市も、2005年に合併を経て四万十市と名を変えた。なお、水系の名称は現在も渡川水系である。

川の合流点には特有の地名がつけられる。落合という地名は、川の合流点を意味する地名の1つで、新宿区の北西部ほか全国各地に相当数見られる。落合の語源は「落ち合う」、すなわち川の合流点で、川合、河合、川井、川相などという地名もほとんどは川の合流点から発生した地名だとみてよいだろう。ちなみに、落合は中世以降に生まれた比較的新しい地名であるらしい。

川の合流地点には、「合わさる川」という意味から合川、相川、会川などの地名もある。鮎川はアユが獲れる川ではなく、「合川」が転じたケースが多い。ほかにも「アイカワ」には「愛川」の字が当てられることもある。

川は合流するばかりではなく、分流することもある。そのような地点には、二俣、二又、二股などの地名が生まれる。横浜市旭区の地名・二俣川は、帷子《かたびら》川と二俣川の合流点、あるいは二俣川とその支流の分岐点が地名の由来になっている。

岬の名前

8 「碕」「埼」「鼻」も岬を表す地名

海岸線が複雑に入り組み、変化に富んだ地形の日本には、いたるところに岬がある。北海道根室市の納沙布《のさっぷ》岬、「日本最北端の地」の碑がある宗谷岬、紀伊半島の最南端の潮《しお》岬、高知県の東側の室戸《むろと》岬などというように、大きくて有名な岬もあれば、名もない小さな岬も多い。

岬は「ミ（接頭語）＋サキ（先）」で、海または湖に突き出した陸地の先を意味する語である。また、「ミサキ（御先、御前）」で、先駆、前駆を意味する語でもある。先駆とは、騎馬で先導することをいう。まさに陸地が海に向かって、騎馬で突き進んでいるかのように見えることから御先といわれるようになり、それに岬の字が当てられたのではないだろうか。

「岬」の字以外にも、津軽半島最北端の竜飛崎《たっぴざき》、初日の出スポットの犬吠埼《いぬぼうざき》、出雲大社近くの日御碕《ひのみさき》というように、それぞれ異なる字を使った岬もあるが、意味はだいたい同じである。また、薩摩半島最南端の長崎鼻《ながさきばな》というように、鼻の字を使った岬もある。岬は鼻のように尖っているからだろう。「鼻」のつく岬は九州地方によく見られ、岬より若干スケールの小さいことが多い。

長崎鼻の対岸、大隅半島最南端を佐多《さた》岬といい、四国愛媛県の西に長く突き出た岬を佐田《さだ》岬という。文字は違うが、その語源は「サ（狭）＋タ（土地）」で、狭く細長く伸びた土地を意味している。なるほど、佐多岬も佐田岬も、細長く伸びている。特に佐田岬は、長さが40㎞近くもあるのに、最狭部は８００ｍほどしかない日本一細長い佐田岬半島の先端にある岬だ。

四国の最南端にある観光地で有名な足摺《あしずり》岬は、古くは「碊蛇御崎《さだみさき》」と表記していた。それが「碊蛇」を「アシズリ」と読むようになり、「足摺」の文字が当てられた。足が滑りやすい急峻な崖を意味した地名だが、語源は佐多岬や佐田岬と同じである。

静岡県には御前崎《おまえざき》という岬がある。遠州灘と駿河湾を分ける地点にある岬だが、意味からすれば「ミサキミサキ」と重複しているような、おかしな地名である。

日本の主な岬

野寒布岬
宗谷岬
知床岬
積丹岬
納沙布岬
チキウ(地球)岬
襟裳岬
恵山岬
大間崎
尻屋崎
白神岬
竜飛崎
入道崎
魹ヶ崎
(とどがさき)
黒崎
珠洲岬
越前岬
経ヶ岬
地蔵崎
日御碕
犬吠埼
洲崎
野島崎
剱崎
関崎
石廊崎
御前崎
神田岬
伊良湖岬
大王崎
羽豆岬
潮岬
室戸岬
日ノ御埼
足摺岬
蒲生田岬
佐田岬
都井岬
野間岬
佐多岬
野母崎
長崎鼻
辺戸岬
喜屋武岬

9 知らずに歩くと超危ない!?「大歩危・小歩危」「小豆島」

危険な場所を示す地名

地名は人々の営みの中から自然発生的に生まれる。特に、誰かに伝えたかった事柄が口承で伝えられ、地名になったと思われる。古代人にとって仲間に伝える事柄は、水や食料の得られる場所であるとともに、危険な場所もその必要があったはずだ。こうして、そのような危険な場所を表す地名が全国各地で生まれたと考えられる。

崩壊地などを表す言葉として、「崖《ほき》」や「崩崖《あず》」が使われる。四国を流れる吉野川の上流に、大歩危《おおぼけ》・小歩危《こぼけ》という有名な峡谷がある（徳島県三好市）。奇岩怪石、絶壁が連なり、歩こうとすれば危険なところだ。だが、歩くと危険だから「歩危」なのではなく、崩壊地を意味する「ホキ」が地名の語源である。ホキがホケ、ボケに転訛し、それに「歩危」の文字が当てられたのだろう。危険地帯にピッタリの文字が当てられたものだから、地名の語源を見失いがちになる。

ちなみに、大歩危・小歩危の東の山を越えたところにある谷が、祖谷渓（いやだに・いやけい）だ。祖谷川へと削られた崖は急峻で、大歩危・小歩危同様に危険な場所である。祖谷の地名について、民俗学者の柳田國男によると、「イヤ」は「オヤ」の転訛であり、先祖の霊がいることに由来するとしている。しかし、これとは別に、「井谷」、すなわち川の流れる谷という説もある。本章6項で熊野川の熊は「隈」であり、谷深いところの意味もあると述べた。それを裏づけるように、和歌山県の御坊《ごぼう》市と田辺市には、「熊野」と書いていずれも「イヤ」と読ませる地名がある。

東京都板橋区に小豆沢《あずさわ》町という地名がある。ここが小豆の産地だったからついた地名なのではなく、小豆《あず》は崩崖で、危険なところを意味する地名だと思われる。確かに板橋区の小豆沢は、台地の北端に位置し、かつては崖が東西に走っていたらしい。小豆沢の地名は、東日本を中心に各地にある。

また、瀬戸内海に浮かぶ小豆島も、古くは「アズキシマ」といい、「崩壊地の多い島」が地名の語源ではないかとされている。小豆島には寒霞渓《かんかけい》などの景勝地があって地形はけっこう荒々しい。

第6章

歴史の足跡を今に残す、建造物、職業、人名にちなむ地名

神社にちなむ地名

1 日本一多い地名は「宮」地名!?

2019年度の文化庁宗教統計調査によると、全国にある神社の数は8万2215社。寺院の数7万3784よりも多い。明治の終わりから大正初めにかけて、政府は神社合祀《ごうし》策、すなわち、神社の合併を断行し、小さな神社は大きな神社に摂社《せっしゃ》・末社《まっしゃ》として吸収されることになったが、それ以前は20万社以上あったとみられる。

地名に関しても、神社由来が一番多いのではないだろうか。大字、小字、通称名を含めると、10万を超えるといわれる。

神社由来の地名には、いろいろなパターンがある。その中で、最も多く使われている文字が「宮」だといえる。浦和市などと合併して、さいたま市になった旧大宮市の「宮」は氷川神社を表し、和歌山県新宮市の「宮」は熊野速玉《はやたま》大社を表している。一般的には、宮本、宮坂、宮原、宮地、宮下、宮東、宮西、宮前、宮後、宮崎など、宮から見た場所を示すらしいが、どの神社かわからないという地名も多いだろう。

次に、地元にある神社名を地名にするパターン。神奈川県寒川町は寒川《さむかわ》神社、千葉県白子町は白子神社、新潟県弥彦村は弥彦神社が由来。古代の地名由来ともいえるが、諏訪大社のある長野県諏訪市・下諏訪町、出雲大社のある島根県出雲市もこのパターンといっていいだろう。変化形として、墨坂《すみさか》神社に由来する長野県須坂《すざか》市、金刀比羅《こんぴら》宮に由来する香川県琴平《ことひら》町というように、神社名が変化したケースもある。

神社の社格によるパターンもある。愛知県一宮市は、尾張国一宮の真清田《ますみだ》神社の所在地によるし、神奈川県二宮町は相模国二宮の川匂《かわわ》神社にちなむ。神戸市最大の繁華街である三宮《さんのみや》は、生田神社を囲む八柱のうち三柱目となる三宮神社にちなむ。

寺の場合は香川県善通寺市、福井県永平寺町などのように寺名が直結する場合が多いが、神社の場合は関係が複雑だ。新潟県加茂市は、平安時代にこの地が京都の賀茂神社の社領となり、地元の青海《あおみ》神社に賀茂神社の祭神が分霊されたことから「加茂」の名前がついた。京都府宮津市は、元伊勢籠《もといせこの》神社、杉末《すぎのすえ》神社、和貴宮《わきのみや》神社の3社が地名発祥の候補となっている。

2 全国に「八幡」地名が広がったワケ

神社・寺・信仰にちなむ地名

全国には「八幡」という地名が各地にある。八幡信仰にちなんだもので、一種の宗教地名といえる。たとえば、京都府の八幡《やわた》市は、市内にある石清水《いわしみず》八幡宮に、滋賀県の近江八幡《はちまん》市は、同じく市内にある日牟礼《ひむれ》八幡宮にちなむものである。愛媛県の八幡《やわた》浜《はま》市は、海岸の近くに八幡神社があったことに由来する。

北九州市となった旧八幡《やはた》市は、合併した3村の氏神様がいずれも八幡社であったから。岐阜県の八幡町《はちまんちょう》（現・郡上《ぐじょう》市）も、山形県の八幡町《やわたまち》（現・酒田市）も同様である。

北九州市は1963（昭和38）年に門司、小倉、若松、八幡、戸畑の5市合併で誕生した。全国から新市名が募集され、ダントツ1位となったのは「西京市」。しかし、西京は東京に対する西の京、京都を意味するので却下。2位の市名が採用された。

熊野三山を中心にした熊野信仰が全国に広まっていくと、各地に熊野神社の分社が建てられ、その周辺に「熊野」という地名が生まれる。菅原道真を祀る天神信仰は、「天神」「天満」などの地名を生む。

稲荷信仰からは「稲荷」や「伏見」という地名が生まれ、住吉信仰からは「住吉」、祇園信仰からは「祇園」「八坂」「天王」などの地名が生まれる。

七福神信仰からは「恵比寿（須）」「弁天」「大黒」などの地名が生まれる。大阪市浪速区の恵比須（東・西）や戎《えびす》本町は、恵比須（戎）神を祀る今宮戎神社に由来する地名だ。東京の恵比寿は、商品名「ヱビスビール」に由来するが、おおむねこれらの地名は宗教に関わる地名だと思っていい。このほか、諏訪信仰、出雲信仰、太子信仰など、信仰にちなんだ宗教地名は数知れない。

天照大神を祀った神社の近くには、「神明」という地名が、弘法大師を祀る大師堂からは「大師」という地名が生まれる。また、和歌山県御坊《ごぼう》市の市名は、西本願寺日高別院（日高御坊）があることに由来するし、大阪市を南北に貫く御堂筋は、西本願寺別院の北御堂と、東本願寺別院の南御堂があることに由来する街路名である。

寺にちなむ地名

3 寺がないのに、なぜ「吉祥寺」？

寺は全国津々浦々、どんな辺ぴなところに行ってもある。「神社」地名と同じように、寺前、寺西、寺下など、寺からの位置関係による地名もあるし、寺島、寺田、寺井、寺町などといった漠然とした地名も多い。

一方、固有の寺の名前がついた自治体名では、1項で挙げた善通寺市（香川県）、永平寺町（福井県）のほか、観音寺市《かんおんじ》（香川県）が、現存する寺の名前と市町名が一致する。一致しない地名には、四天王寺のある大阪市天王寺区、葛井寺《ふじい》の別名をつけた藤井寺市（大阪府）、聖徳太子が建立した放光寺（片岡王寺）に由来する王寺町《おうじ》（奈良県）など。東京都国分寺市にはかつて武蔵国の国分寺があった。

平成の大合併以降に消滅した自治体で、地域に現存する寺名のついた例には、紫雲《しうん》寺町《じまち》（新潟県新発田市）、修善寺町《ちょう》（静岡県伊豆市）、甚目寺町《じもくじちょう》（愛知県あま市）、永《えい》源寺町《げんじちょう》（滋賀県東近江市）、国分寺町《ちょう》（香川県高松市）がある。

岩手県北部の浄法寺町《じょうぼうじ》も二戸市《にのへ》となって消滅したが、この寺は鎌倉時代に鎌倉にあったもので同町内にはない。その代わり、奈良時代の開山といわれる天台寺があり、作家の今東光《こんとうこう》や瀬戸内《せとうち》寂聴《じゃくちょう》が住職を務めた。町名の由来は次のとおり。

鎌倉時代の御家人畠山重忠は、北条時政に謀反の疑いをかけられ、重忠および子は誅殺された。しかし、浄法寺に出家していた三男・重慶は難を逃れ、南部地方に流れ着いて浄法寺という姓を称した。その後、鎌倉の浄法寺は消失したが、寺名だけはみちのくの地に残ったのである。

東京都武蔵野市の吉祥寺という地名もこれに似ている。吉祥寺は初め神田駿河台（千代田区）にあったが、明暦の大火（1657年）で焼失、本郷駒込（文京区本駒込）に移された。住居を失った住人は幕府の新田開発政策のもと、扶持米《ふちまい》や家屋の建設費用を与えられて武蔵野の開墾に携わることになった。新しく拓いた土地には、かつての門前を忘れることができなかったのか、吉祥寺村と命名した。なお、吉祥寺という地名は、兵庫県三木市や北九州市にもある。

4 お城は当時、地域最大のブランドだった

城下町にちなむ地名

戦国時代には、小さな砦を含めて3000以上もの城があったといわれる。その多くは、大坂夏の陣直後の一国一城令（1615年）で破壊され、さらに明治の廃城令（1873年）で取り壊されたため、現存する城はごくわずかだ。しかし、城は町のシンボルかつブランドであり、昭和に入って数々の城が再建、というより再現された。もっとも、立派な天守閣が登場したのは織田信長の安土城築城以降であり、再建された昭和以降の城で、砦程度だった城跡に天守閣を建ててしまった例が少なくない。

全国には約450あまりの城下町があった。東京はもちろん、大阪、名古屋などの大都市のほか、歴史の古い都市の多くが旧城下町である。城下町には商工業者の職業地名のほか、鷹匠《たかじょう》町、徒《かち》町、殿町、代官町、馬喰《ばくろう》（博労）町、足軽町といった城下町特有の地名が多いが、城そのものも地名の対象になった。

寺社と同じように、城からの位置関係によって城東、城西、城北、城南、城前という地名が生まれる。山城や平山城であれば、城山、城下などの地名も発生する。

鹿児島市には城山《しろやま》、城西《じょうせい》、城南《じょうなん》町という地名がある。この城山は、南北朝時代の豪族上山氏の山城（上山城《うえやまじょう》）跡で、西南戦争の最後の激戦地として西郷隆盛が自刃した地として知られる。もちろん、桜島を望む鹿児島市最大の観光名所でもある。2007年に神奈川県相模原市に編入された城山町は、典型的な山城の津久井城跡にちなんでつけられた地名である。

ほかにも、城町、城内、古城など、城の近くであることを強く意識している地名がある。城へのこだわりが強すぎたのか、熊本城から10㎞も遠く離れた場所に城南町があったが、2010年の合併で晴れて熊本市となった。

なお、実際の城とは直接関係ないものも含めて「城」のつく市は、多賀城市（宮城県）、北茨城市・結城《ゆうき》市（茨城県）、稲城《いなぎ》市（東京都）、安城《あんじょう》市・新城《しんしろ》市（愛知県）、城陽《じょうよう》市（京都府）、葛城《かつらぎ》市（奈良県）、大野城《おおのじょう》市（福岡県）、小城《おぎ》市（佐賀県）、宇城《うき》市（熊本県）、都城《みやこのじょう》市（宮崎県）、豊見城《とみぐすく》市・南城《なんじょう》市（沖縄県）の14市。

町の職人にちなむ地名

5 「鍛冶町」に「青物町」、城下町の活気が伝わる地名

前項でも触れたが、城下町の地名には職業に関係したものが多いのが特徴である。これらの地名は、昭和の半ばまではほとんどの城下町に残っていたが、1962（昭和37）年の住居表示法の施工以来、多くが失われてしまった。その傾向は大都市ほど顕著だが、地方の城下町では職業地名がまだ残っている。

安土桃山時代になると、城郭は砦としてばかりではなく、支配者の住居も兼ねるようになった。城郭の周囲には堀があり、それを上級、中級、下級というように身分ごとに分けられた武家屋敷が取り囲んだ。そして城下町防衛のために、寺町は最も外側に配置された。

また、城下町を経済的に安定させるためには、商工業者が必要である。そこで、商人や職人を職種ごとに分け、1つの地域に住まわせた。城下町の職業地名は、その名

残なのである。たとえば、奈良県大和郡山市には行政地名だけでも、鍛冶町（北・中・南）、魚町、片塩町、茶町、雑穀町、豆腐町、紺屋町、材木町、車町、北大工町、代官町、番匠田中町、藺町《いのまち》（藺はイグサの意味）など、実に職業がイメージしやすい地名が残されている。東京にも小伝馬町、馬喰町、人形町、鍛冶町、猿楽町、代官山町、細工町、箪笥町、納戸町、茅場町などが残されているが、街の規模からすれば非常に少ないといえる。

同業者が1カ所に集まれば、仕事の効率が上がるだろうし、連帯感も生まれる。それに互いに競い合わせれば、商工業がより活発になる。それがひいては、城下町の発展にもつながるというわけだ。主な職業地名には次のようなものがある。

米屋町、呉服町、鍛冶町、大工町、青物町（青果商）、紺屋（こうや・こんや）町（染め物屋）、博労《ばくろう》（馬喰）町（牛や馬の仲買商人）、瓦町、材木町、染師町、桶屋町、魚屋町、肴町、塩屋町、細工町、樽屋町、油屋町、八百屋町、金物町、畳屋町、竹屋町、鉄砲町、弓町、鞘師《さやし》町（刀のさやを作る）、木挽《こびき》町（製材関係）、鋳物師町、糸屋町、珠数屋町、船頭町、塗師《ぬし》屋町（漆芸家）など。

6 城の見張り所が「見附」になった

城郭にちなむ地名

城郭や城の構えからも地名が生まれる。江戸城のように大規模な城郭になると、いくつもの見張り所が設けられた。これが「見附《みつけ》」で、赤坂見附、四谷見附、牛込見附などは当時の名残である。なお、新潟県の信濃川下流に見附市があるが、この「ミツケ」はたびたび水害に襲われてきたことによる「水《み》漬《ず》け」が由来といわれる。

大規模な城では堀を幾重にも巡らせた。東京都で堀に関係する地名には、内堀通り、外堀通りがあり、行政地名では中央区八丁堀がある。堀には水運で設けられた水路を指す場合がある。大阪市西区にある有名な難読地名の1つ、立売堀《いたちぼり》や、江戸堀、京町堀などはこの例だろう。また、農村には農業用の水路があり、全国にある「堀」のつく地名は圧倒的にこの例が多いといえる。

城の構えの1つに曲輪《くるわ》という区画があり、本丸、二の丸、三の丸などが設けられている。現在でも名古屋城外堀の内側にはまさしく、本丸、二の丸、三の丸という東京にもない地名が残る。一方、東京で「丸」のつく地名といえば千代田区の「丸の内」だ。皇居とJR東京駅の間にあり、日本経済の心臓部ともいえる役割を果たしている。丸の内は本来、城郭の内側を指す言葉である。

丸の内は城下町の金沢市や松本市、高知市（丸ノ内）、松山市（丸之町）など20カ所以上ある。ところが、そのすべてが旧城郭の位置に関係するとは限らないようだ。東京丸の内にあやかって、官庁街やビジネス街の意味でつけたのではないだろうか。

名古屋市にも、外堀の南側に丸の内がある。「尾張名古屋は城で持つ」大城下町だから不自然ではないし、東京丸の内も一時期、有楽町の一部も含まれていたから曲輪内にこだわることはないだろうが、どうも東京の模倣のようだ。

城の門も地名として残る。地名由来の代表が正門を意味する「大手門」だろう。江戸城の大手門前は大手町という大ビジネス街に発展した。大手町、大手、大手門などの地名は丸の内以上に全国に多数ある。しかし、大手町も丸の内同様、あやかり地名としか思えないケースも多い。

街道にまつわる地名

7 街道になくてはならない「宿」「茶屋」のつく地名

旅人たちは街道をひたすら歩き、日が暮れる頃わらじの紐を解いた。本宿、今宿《いまじゅく》、上宿《かみじゅく》など、「宿」のつく地名は、かつてそこが宿場町であったことを意味している。

「宿」のつく自治体名の代表が新宿区だろう。日本橋と甲州街道最初の宿場・高井戸との距離が長すぎるため、その中間地点に新しく宿場を設けた。そこに高遠藩内藤家の屋敷地があったことから、元禄期に「内藤新宿」として開設されたのが始まりだ。新宿という地名は、読み方は違っても全国各地にある。

このほか「宿」のつく自治体に、鎌倉時代に北条時頼が地元の最明寺に宿泊したことに由来する御宿町《おんじゅくまち》（千葉県）、また、七ヶ宿町《しちかしゅくまち》（宮城県）、宿毛市《すくも》（高知県）、指宿《いぶすき》市（鹿児島県）がある。

旅人にとって、宿場とともに欠かせなかったのが茶屋である。茶屋は旅人たちの疲れを癒やす場であり、情報交換の場でもあった。宿場町など街中にある茶屋は水茶屋とか掛《かけ》茶屋などと呼ばれるが、宿場町以外の街道筋に設けられたのが立場《たてば》茶屋、あるいは立場である。休憩施設や売店、馬の乗り継ぎなどの機能があり、次の宿場町が遠い場合は重要な存在だった。立場から大きな集落に発展したケースもある。

宿場と比べれば茶屋は規模が小さいためか、茶屋のつく自治体名はないが、市区町村以下の町名には多数ある。世田谷区の三軒茶屋は、信楽《しがらき》屋、角屋、田中屋の3軒の茶屋があったことにちなむ。葛飾区のお花茶屋は、3代将軍家光がこの地で倒れ、それを看護して大事を救った「お花」という茶屋の娘に由来した地名である。また、大阪市西成区にある天下茶屋《てんがちゃや》は、天下人の豊臣秀吉が住吉大社への参拝途中で必ず立ち寄って休憩した、お気に入りの茶屋があったことから生まれた地名である。

「茶屋」の文字は残っていないが、茶屋に由来する地名も相当あるはずだ。新宿の隣にある四谷は、江戸時代に4軒の茶屋があったことから「四ツ茶屋」と呼ばれ、それが四谷に転訛したといわれる。京都の北野天満宮近くの上七軒《かみひちけん》という地名は、北野天満宮を造営した際の残った木材で、7軒の茶屋を建てたことに由来するという。

8 命名のセンスが問われる、公共施設にちなむ地名

公共施設がそのまま地名になっているケースは意外に多い。東京では上野公園、日比谷公園、北の丸公園、駒沢公園などは公園名であるとともに、公の住所表示となる地名でもある。岡山市の後楽園や熊本市の水前寺公園、さらに大阪城も同様だ。

交通機関では、駅前、駅東、駅西のほか、博多駅（博多駅前・東・南・中央街）、盛岡駅（盛岡駅前通・前北通・西通）など具体的な駅名がついた住所もある。名古屋の場合は、略して「名駅《めいえき》」という住所になっている。同じ法則で名古屋港の住所は「名港《めいこう》」だ。空港も同じで、羽田空港はれっきとした住所名。1994（平成6）年に大阪湾上に開港した関西国際空港の場合、空港島は泉佐野市泉州空港北、田尻町泉州空港中《なか》、泉南市泉州空港南というように、それぞれ自治体名の違う3地域に分かれ、陸地側は泉佐野市りんくう往来北・南、田尻町りんくうポート北・南となっている。

名古屋の場合はどうか。2005年2月、それまでの名古屋空港（小牧市）に代わって中部国際空港が開港した。愛称は「セントレア」。中部圏を意味するセントラルとエアポートの合成語である。ところが、地名に関して大騒動が起きてしまった。

その南に位置する美浜町と南知多町は、2006年3月の合併を目指し、新市名を一般公募した。合併協議会が発表したのは「南セントレア市」。新市を全国にアピールする絶好のチャンスだと考えたのだろう。しかし、この突拍子もない市名に住民たちは驚き、怒った。センスがよくないばかりか、決め方に問題があったのだ。

公募の中に「南セントレア市」の名が1票もなかったにもかかわらず、合併協議会は公募結果を無視してけったいな市名に決めてしまった。そもそも中部国際空港があるのは常滑市《とこなめ》だ。住民が怒るのも無理はない。

批判の声はまたたく間に全国に広まった。その反響の大きさに、新市名を撤回せざるをえなくなった。それどころか、2005年2月に行われた合併の是非を問う住民投票では、反対票が賛成票を大きく上回り、合併そのものが白紙に戻ってしまった。

なお、2町は存続しており、空港の住所は「常滑市セントレア」のままである。

9 「津」が多くて「港」が少ないのはなぜ？

港にちなむ地名

日本は周囲を海に囲まれ、海岸線は入り江、岬、半島と複雑に入り組んでいる。そのため天然の良港にも恵まれ、海上交通が早くから発達した。それを物語るように、港に由来した地名が多い。

「港」のつく自治体は、東京都、名古屋市、大阪市にある港区、横浜市港北区・港南区と境港市（鳥取県）の6つだけ。一方、港を表す文字に「津」があり、船舶が出入りし、停泊する海岸をいう。また、「泊《とまり》」とも「泊地《はくち》」ともいう。

「津」のつく地名は自治体名だけでも70近くに上る。「港」地名との数の差は、歴史の違いといっていいだろう。「港」地名は近年になって生まれたもの。境港市は1954（昭和29）年に外江町《とのえちょう》・渡村《わたりそん》・上道村《あがりみちそん》・余子村《あまりこそん》・中浜村《なかはまそん》の5町村合併で誕生した「境港町」が始まり。大都市の「港」区名は大阪市の1925（大正14）年が最初だ。

津のつく地名の多くは海に面している。三重県の津市は、古くは安濃津《あのつ》といわれ、博多津《はかたつ》、坊津《ぼうのつ》（鹿児島県）とともに、日本三津《さんしん》の1つに数えられた。木更津市（千葉県）、魚津市（富山県）、焼津市（静岡県）、中津市（大分県）は、いずれも港町として発展した都市である。佐賀県唐津市は「唐（朝鮮半島）へ渡る港」が語源である。

滋賀県大津市は、湖上交通の要地として栄えた港町である。海や湖に面していない内陸部にも津のつく地名があるが、それらは川港に由来していることが多い。ただし、群馬県の草津のように、臭水《くさみず》、または臭処《くさうず》が「クサツ」に転訛して、それに津の字が当てられた地名もある。

「泊」も、津と同じ船舶の停泊地を意味するが、地名としてはあまり定着しなかったようだ。北海道積丹《しゃこたん》半島南部にある泊村は、アイヌ語のヘモイトマリ（サケが湾に入ってくる港）に由来する。また、再開発ですっかり新しい街に生まれ変わった東京の汐留は、船の停泊地を意味する地名である。

ほか、港の意味を持つ漢字には「湊《みなと》」があり、自治体名にはないが字名には多い。古くは港全体における水上の部分が「港」で、陸上の部分が「湊」だったとされる。

橋にちなむ地名

10 ハシは「橋」でも、「端」由来もある

川があれば橋はつきもの。「橋」の字を使った地名には、川に架かった橋に由来しているものが多い。古くから橋が架けられたところは交通の要地になって集落が発達し、橋の周辺に橋本、橋口、橋詰などの地名が発生する。

「橋」のつく自治体は前橋市（群馬県）、船橋市（千葉県）、板橋区（東京都）、橋本市（和歌山県）、行橋《ゆくはし》市（福岡県）と、富山県の舟橋《ふなはし》村の6つ。

橋本市は、大和街道と高野街道が交差する交通の要地で、16世紀後半に木喰《もくじき》上人が紀の川に架けた橋にちなんだ地名である。すなわち、「橋のたもとにある地」が地名の語源で、橋本という地名は全国各地で見られる。舟橋村は、地域内の川もしくは城の堀にかけられた橋が由来とされる。しかし、この村のトピックは1889（明治22）年の町村制施行で舟橋村が誕生して以来、一度も合併を行っていないこと。そのため、

現在では北陸4県で唯一の村となった。ほかにも、村のパンフレットによると、日本一小さい自治体とか、15歳未満の人口割合が日本一高いとか、何かと話題がつきない。

橋のつく地名であっても、その由来になったと思われる橋が見当たらないこともある。それには2つの理由が考えられる。

1つは、近年、市街地などでは川が暗渠《あんきょ》化されることが多く、橋は必要なくなる。だが、たとえ橋がなくなっても地名だけが残るというものだ。東京でいえば新橋や京橋、数寄屋橋《すきやばし》などがこれに当たる。もう1つは、「ハシ」は「橋」ではなく、「端」が変化したもので、もともと橋ではない場合だ。

船橋市の地名は、景行天皇が東国へ行幸した際、水害に見舞われたため舟を連ねて橋をつくり、無事に川を渡ったという伝説が由来とする説もあるが、橋は「端」で、「台地の端」が語源とする説もある。行橋市は、前述した明治の町村制施行により行事《じ》村、大橋村、宮市《みやいち》村の3村が合併して行橋町となったことに始まる。その大橋村の「ハシ」も橋ではなく「端」が語源。瀬戸内海に浮かぶ倉橋島（広島県呉市）は、「クラ（崩壊地）・ハシ（端）」が語源だという。

11 墓は「塚」となって地名に残る

この世に受けた生命はいつかは土に還る。尊い命だからこそ、死者を埋葬した場所にも地名が生まれた。とはいえ、さすがに「墓」がつく自治体はなく、行政地名では次の4つしかない。

大垣市（岐阜県）の青墓町《あおはかちょう》は、古代の東山道の青墓宿があった町だ。平安時代末期から鎌倉時代にかけての『梁塵秘抄《りょうじんひしょう》』『吾妻鏡』『保元物語《ほうげん》』にも登場し、遊女が多くいたことで知られる。阿波市（徳島県）の市場町犬墓《いぬのはか》（市場町が合併）には空海の愛犬が葬られた伝説がある。入善町《にゅうぜんまち》（富山県）の墓ノ木《はかのき》は、黒部川の人柱となった娘の墓に植えた松にちなむ。喜多方市（福島県）山都町墓ノ後《はかのあと》（山都町が合併）の由来は不明。

墓にちなむ地名の多くは「塚」の名で残る。塚とは、土を高く盛り上げてつくった墓をいう。JR山手線の大塚駅がある豊島区の（北・南）大塚は、付近に墓があったことに由来するという。東京都大田区の雪谷《ゆきがや》大塚町には古墳があり、弥生式土器が出土している。兵庫県尼崎市には塚口《つかぐち》という地名がある。これは稲野《いなの》地方に勢力を持っていた古代豪族の墳墓と考えられる御願塚《ごがづか》古墳の入口に位置することによる。

ほか、墓にちなむ地名の多くは中塚、小塚、石塚、塚本、塚田、塚原という字名であり、「塚」のつく自治体も6つしかない。

横浜市戸塚区は区内にある富塚《とみつか》古墳に由来するという説がある。平塚市（神奈川県）は、桓武平氏の祖、高見王《たかみおう》の子、政子《まさこ》の棺を埋めた墓に由来するといわれる。宝塚歌劇で有名な兵庫県の宝塚市も、塚があったことにちなむ地名である。諸塚村《もろつかそん》（宮崎県）は、山頂にいくつかの（諸々の）円墳がある諸塚山に由来する。

塚は人間の墓とは限らない。貝塚市（大阪府）は古代人が貝殻を捨てた塚に由来し、飯塚市（福岡県）はお堂の建設祝いで炊いた米が、塚のように盛り上がっていたことにちなむ。塚は一里塚のように、土を高く盛って人々の目印にしたところも指すので、墓とは関係のない地名もあるかもしれない。

12 日本に、偉人や英雄の人名地名が少ないのはなぜ？

人名地名が少ない理由

日本には、人名に由来した地名が諸外国と比べて著しく少ないといわれる。アメリカの首都は初代大統領ワシントンの名がつけられているし、ベトナム最大の都市ホーチミンは、ベトナム戦争でアメリカに最後まで屈しなかったホー・チ・ミンを讃えて、サイゴンから改称された地名だ。ロシア第2の都市サンクトペテルブルクは、1703年にこの都市を建設したピョートル大帝が、自分の名を聖ペテロに関連させてつけた地名。ソビエト連邦の間は、革命家レーニンによってレニングラードと改称されていたが、1991年に以前の名称に戻った。

空港名ではジョン・F・ケネディ空港、シャルル・ド・ゴール空港、リバプール・ジョン・レノン空港、2017年にホノルル空港から改称されたダニエル・K・イノウエ空港など、海外では人名を冠した正式名が慣例となっている。日本でも高知龍馬空港と呼ぶようになったが、これは愛称にすぎない。

このように、偉人や英雄に敬意を表したり、強引なやり方で命名された人名地名が外国には無数にある。次項以降で説明するように、日本でも比較的小さいエリアならありうるが、市レベルでの人名地名はほとんど見当たらない。

もっとも、武将の名字と地名が一致するケースはよくある。たとえば、江戸、千葉、渋谷、熊谷、秩父、河越（川越）、三浦などはそれぞれ坂東平氏である江戸氏、千葉氏などと関係がある。彼らは氏《うじ》は平氏とするものの、所領を得て江戸郷、千葉荘などに移り住み、そこの地名（本貫地《ほんがんち》）を名字として名乗った。源氏系の足利氏や新田氏も同様である。また、長州毛利家の姓は「大江」であり、相模国毛利（現・厚木市）に住んで名字を毛利とした。つまり、名字より地名のほうが先なのだ。

このように、土地の所有と人名（名字）のスタイルが諸外国と違うために、人名地名が残っていないと考えられる。地名研究者の鏡味《かがみ》明克《あきかつ》氏によれば、「日本に人名地名が少ないのは、『その土地に人名をつけるということは土地の所有を宣言すること』という思想が日本人の根底にあったから」と説明している。

13 東京に、平安歌人ゆかりの地名がある？

東京の人名地名をいくつか拾ってみよう。

ＪＲ山手線の駅名でもある有楽町は、信長の弟・織田有楽斎《うらくさい》の屋敷があったことにちなむ。東京駅の東の玄関口・八重洲は、外国人にちなんだ地名だ。日本に漂着したオランダ船の航海士で、家康の厚遇を受けたヤン・ヨーステンの屋敷を「八重洲殿」と呼んだことが地名の起こりだという。マンモス団地があることで知られる板橋区の高島平は、１８４１（天保12）年に、高島秋帆《しゅうはん》が洋式砲による演習を行ったことにちなむ。

文京区の春日は江戸初期までは未開発地だったが、春日局が拝領し屋敷を建てたことに由来する。１９７８（昭和53）年まで足立区にあった内匠町《たくみ》（現・南花畑）は、甲斐武田氏の旧臣・芦川内匠が移り住んだことに由来する。高級住宅地として知られる港区の青山は、江戸初期の武将、青山忠成に始まる青山家の下屋敷があった。荒川区の道灌山は、太田道灌のつくった江戸城の出城があった地だといわれる。

坂の名にも人名由来がある。渋谷区の繁華街である道玄坂は、坂の途中に大和田太郎道玄の庵があったことに由来している。

東京には坂が多く、坂名は坂の付近にあった屋敷にちなんだものがいくつかある。神田淡路町は淡路坂に由来し、その坂名は、坂の上にあった鈴木淡路守《あわじのかみ》の屋敷にちなむ。高級ホテルのある紀尾井坂は、紀伊・徳川家、尾張・徳川家、彦根・井伊家の3つの屋敷が接していたことから。東京ドーム近くの壱岐坂は小笠原壱岐守の屋敷、国会議事堂近くの三宅坂は三州田原藩三宅家の屋敷、赤坂の乃木坂は乃木希典《まれすけ》の旧宅および乃木神社があったことに由来している。

江戸は家康以降につくられた町だから、当然ながら、地名に残る人物もそれ以降である。しかし、スカイツリー開業で俄然注目されるようになった墨田区業平は、平安初期の歌人・在原業平《ありわらのなりひら》に由来する。かつてはこの地に業平天神があり、江戸時代の文献によると、その業平天神は在原業平が亡くなった場所に建てられた業平塚に由来するという。業平の東下《あずま》りは『伊勢物語』に基づくが、史実を疑う向きは多い。

14 難事業の苦労を後世に伝える、人名地名

功労者の名前が地名に残る

日本の人名地名で最も多いのは、おそらく開拓功労者にちなんだ地名だろう。4章で述べたように、北海道には入植者たちの故郷名の地名が多いが、開拓功労者にちなんだ地名も結構ある。

北海道北部の内浦湾に臨む伊達市は、亘理《わたり》伊達家の伊達邦成《くにしげ》が家臣とともに入植し、開拓した地である。ワインで有名な十勝の池田町は、旧鳥取藩主の池田仲博《なかひろ》が政府から原野の払い下げを受けて、池田農場を開場したことによる。羊蹄山の東麓に開けた京極町は、丸亀藩主養子の京極高徳《たかのり》が入植し、農場を開いたことに由来する。

空知《そらち》管内から3例。月形町は、樺戸《かばと》郡の集治監（刑務所のこと）の初代所長月形潔《きよし》の功労を称えたもの。沼田町は越中国出身の沼田喜三郎が開拓したことにちなむ。2006年に岩見沢市に編入されたが、北村《きたむら》というまさしく名字のような村名があっ

た。山梨県出身の北村雄治《ゆうじ》が北村農場を開いたことにちなむ。

治水工事や架橋工事の功労者にちなむ地名を紹介しよう。木曽三川の扇状地には、水害から守るために集落の周囲に堤防を築いた「輪中《わじゅう》」という形態が見られる。輪中地帯にある平田町は、薩摩藩による宝暦治水（木曽三川分流工事）の総奉行平田靱負《ゆきえ》の業績を称えて命名されたもの。実は、平田町は宝暦治水の舞台とは少し距離が離れていたが、平成の大合併で海津市（岐阜県）になったことで、宝暦治水が行われた地も区域内に入った。多くの犠牲者を出した歴史に残る事業だっただけに、後世に伝える意味で新市名を平田市にする手もあったと思うのだが。

大阪市の盛り場で有名な道頓堀は、1612（慶長17）年に安井道頓が私財を投じて水路を開削。道頓は大坂夏の陣で討死するが、一族の道卜《どうぼく》らが完成させ、道頓の業績を称えて大坂城主の松平忠明が命名した。心斎橋は岡田心斎が、大坂夏の陣で焼け野原になった大坂に移り長堀川を開削、街をつくり橋に自分の名前をつけた。

地名ではないが、武田信玄が築いた信玄堤《づつみ》や、伊達政宗が計画した貞山堀《ていざんぼり》（貞山は政宗の法名）などは、戦国武将に由来する。

15 「六本木」は木のつく6大名の名字から!?

人名の合成地名

日本に合成地名が多いことはここまでに何度か紹介してきたが、なかには人の名前の頭文字をとってつくられた地名がある。北海道渡島半島の北部にある今金町《いまかねちょう》は、同時期に入植した今村藤次郎と金森石郎の頭文字を合わせたもの。入植した頃は瀬棚町だったが、その後、両氏の開拓した地域が利別村として分村、1947(昭和22)年の町制施行で今金町と改称された。

兵庫県西宮市を流れている夙川《しゅくがわ》下流に、高級住宅地の香櫨園《こうろえん》という地域名がある。明治末期に香野《こうの》蔵治《くらじ》、櫨山《はぜやま》喜一の2人が共同で事業を起こし、野球場や動物園などを持つ遊園地を建設。両氏の頭文字を取って香櫨園と名づけた。事業は失敗したが、やがてそこは住宅地となり、阪神電鉄の香櫨園駅に名残をとどめている。

人名を合成したものとしてよく知られているのが、岩手山南麓に広がる小岩井農場だ。「小岩井」は地名ではないが、駅名や道路名になっている。農場は雫石町と滝沢市にまたがり、民営農場として日本最大の3000ヘクタールを誇る。小岩井農場は、岩崎弥太郎亡き後の三菱財閥を支えた小野義眞《ぎしん》と2代目社長岩崎弥之助、そして日本の鉄道事業の基礎を築いた井上勝が共同経営者として1891（明治24）年に開設したもので、農場名はこの3人の頭文字からつけられた。

実は、広島市も人名の合成地名だという説がある。広島は戦国大名の毛利輝元がこの地に築城し、広島城と名づけたことに由来する。ここまでは確かなのだが、城の名をつける際、毛利氏の祖である大江広元の「広」と、築城に携わった地元の豪族・福島元長の「島」を合成したというのである。ほかには、広島平野を形成した太田川のデルタ地帯にある中洲を島に見立て、その中の広い島に築城したという説がある。もっとも、毛利輝元が両方の意味を意図していたとも考えられる。

東京の歓楽街として知られる六本木も合成地名だといわれている。上杉、朽木《くちき》、高木、青木、片桐、一柳《ひとつやなぎ》という、木にちなむ名字を持つ6大名の中屋敷があったことが地名の由来だという。

第7章

47都道府県名と旧国名、県境のウラ事情

都道府県名と旧国名

1 都道府県名に残らずとも、日本人は今も旧国名が大好き

1871（明治4）年の廃藩置県で3府302県が成立し、その後も統廃合が続けられて、1890年に現在の形と同じ、1庁（北海道庁）3府（東京府・京都府・大阪府）43県ができた。

奈良時代以前から続く行政区分が一新されたわけだが、県境と旧国境はほぼ一致している。旧国ごとに独自の文化が育まれ、慣習や人情などが似通っていたからである。

しかし、旧国名を採用した県名が1つもないのはなぜか。

新政府は幕藩体制を解体し、中央集権による近代国家の建設を目指した。そのためにも、過去の遺物を払拭し、新しい体制固めをしたかったはずだ。新しい行政区画である県に旧国名を使ったりすれば、かつての律令制度下の国家体制に後戻りするような印象を与えかねない。

新政府は、政治体制を改革するためにも、その体質ばかりではなく、新しい行政単位となる県の名前も重要な要素だと考えたのだろう。県名の決定にあたっては、十分に討議検討したに違いない。県名に旧国名がないのは単なる偶然ではなく、新政府が意識的に旧国名の使用を避けたのである。

廃藩置県後に生まれた県名は、歴史の浅い地名だと思うかもしれないが、意外に伝統のある地名が多い。県名は都道府県庁所在地の都市名、あるいはその都市が所属していた郡名からとっている場合が多いからである。たとえば、愛知県は名古屋が愛知郡に、岩手県は盛岡が岩手郡に属していた。

廃藩置県の過程で事情が複雑になったケースもある。三重県の県庁所在地である津は、三重郡ではなく安濃《あのう》郡に属し、当初は安濃津《あのつ》県といった。その後、県庁が津から四日市に移転されたのに伴い、四日市が属する郡名から三重県と改称された。ところが、1876（明治9）年に大々的に行われた府県の統廃合で、三重県と度会《わたらい》県が合併となった。この際、県庁が四日市では北に偏りすぎているとして、再び津に移転されたものの、県名はそのまま継承されたのである。

石川県の場合も同様で、廃藩置県で金沢県が誕生した当時は、県庁は金沢に置かれた。しかし、金沢が北に偏りすぎているという理由から、翌年に金沢の南にある美川町（現・白山市）に県庁が移され、美川町が属する石川郡から県名が決まった。そして再び県庁が金沢に戻ってきても、県名はそのまま残された。群馬県や栃木県なども、同様のケースである。

新しい県名が、市名や郡名から採用されたケースが多いこととは反対に、旧国名が市町村の名前に採用されている例も多数ある。そのほぼすべてが昭和以降に生まれたものだが、平成の大合併でも、新たに旧国名を名乗る自治体が誕生している。

日本人は今も旧国名が好きである。信州そば、讃岐うどん、越前ガニ、薩摩揚げ、イヨカン、備前焼、丹後ちりめん、加賀友禅など、郷土料理や名産品ほか、「加賀屋」「近江商店」といった屋号にも好んで使われている。新たに地名を決める場合はなおさらだろう。

県名は生まれてからまだ１３０年あまりしか経っていないが、旧国名はその10倍近い年月を経ている。歴史の重みが違うのだ。

旧国名を使用している市町村

東北	むつ市（青森県）、陸前高田市・奥州市（岩手県）、羽後町（秋田県）、いわき市（福島県）
関東	常陸大宮市・常陸太田市・ひたちなか市（茨城県）、下野市（栃木県）、武蔵野市・武蔵村山市（東京都）、相模原市（神奈川県）
中部	甲州市・甲斐市（山梨県）、伊豆の国市・伊豆市・東伊豆町・西伊豆町・南伊豆町（静岡県）、信州新町・信濃町（長野県）、佐渡市（新潟県）、能登町・中能登町・加賀市（石川県）、南越前町・越前町・越前市・若狭町（福井県）
近畿	飛騨市・美濃加茂市・美濃市（岐阜県）、尾張旭市（愛知県） 伊勢市・志摩市・南伊勢町・伊賀市（三重県）、東近江市・近江八幡市（滋賀県）、京丹波町・京丹後市・南山城村（京都府）、河内長野市・摂津市・和泉市（大阪府）、丹波市・播磨町・淡路市・南あわじ市（兵庫県）、大和郡山市・大和高田市（奈良県）
中国	美作市・備前市・吉備中央町（岡山県）、安芸高田市・安芸太田町（広島県）、伯耆町（鳥取県）、隠岐の島町・東出雲町・奥出雲町・出雲市（島根県）、周防大島町・長門市（山口県）
四国	阿波市（徳島県）、さぬき市（香川県）、伊予市（愛媛県）、土佐清水市・中土佐町・土佐市・土佐町（高知県）
九州	豊前市・筑紫野市・筑前町・筑後市（福岡県）、対馬市・壱岐市（長崎県）、豊後高田市・豊後大野市（大分県）、日向市（宮崎県）、南さつま市・さつま町・薩摩川内市・南大隅町（鹿児島県）

2 ほとんどがアイヌ語に由来する、北海道の振興局名

蝦夷地が日本の領土であることを国内外に認めさせる意味もあって、1869（明治2）年、蝦夷地の改称と国郡が設定された。開拓判官に任命された北方探検家の松浦武四郎は、「日高見道」「千島道」「東北道」などの6案を提示。蝦夷は「カイ」とも読めることから、蝦夷地を意味する言葉を地名にとどめておきたいとして、案の中から「北加伊道」を選択、さらに「加伊」を「海」と改めて正式名とした。

「北海道」に改称すると同時に11国86郡に分け、本格的な開発事業をスタートさせた。2年後の1871年には北海道すべてを開拓使の管轄下とし、翌年から10年計画を実施、士族の集団移住を促進するとともに、屯田兵を置いて北方警備と開拓に従事させた。

1882（明治15）年、開拓使は制度の満了をもって廃止され、本土の府県制にな

らって函館県、札幌県、根室県の3県が置かれた。しかし、翌年に設置された北海道事業局の運営がうまくいかず、わずか5年で廃止、全道を管轄する北海道庁が設置された。

1897年には支庁制を採用して19支庁に分割、1910年に現在の14振興局と同じエリア分けになった。そして、1947年に地方自治法が施行されて、北海道はようやく他都府県と同等の権限を持った地方自治体として生まれ変わった。

支庁とは文字どおり道庁の出先機関のことだが、2010年4月からは、9の総合振興局と5の振興局に置き換えられた。人口分布などでずいぶん変わってきたという理由だが、紆余曲折の末、2町の管内移動を除いて支庁とほとんど変わらなかった。

総合振興局と振興局の違いは、前者は隣接する後者の広域行政ができること。

次に、各振興局の名前と振興局所在地の市町名を見ていくことにしよう。ほとんどがアイヌ語に由来する。

◎**石狩振興局**……アイヌ語のイシカラペッ（屈曲する川）、振興局所在地の札幌市はサッポロペッ（乾いた大きな川）が語源。

◎**後志《しりべし》総合振興局**……アイヌ語のシリペツ（大きな川）に由来。倶知安町《くっちゃんちょう》は、一説にはクチャウンナイ（狩人小屋のある川）に由来するとされる。

◎**檜山《ひやま》振興局**……木材の産地として知られ、アスナロが繁茂していたことによる。江差町は、アイヌ語のエサシイ（突出した岬）が語源。

◎**渡島《おしま》総合振興局**……「本州へ渡る島」の意。函館市は、この地に移り住んだ戦国時代の陸奥国の武将、河野《こうの》政通《まさみち》が箱型の館を築いたことに由来する。

◎**胆振《いぶり》総合振興局**……日本書紀に出てくる蝦夷、胆振サエという説ほか。室蘭市は、モルエラン（緩やかな下り道）が語源だとされる。

◎**留萌《るもい》振興局**（**留萌市**）……アイヌ語のルルモウペツ（湖の静かな川）。

◎**宗谷《そうや》総合振興局**……アイヌ語のソーヤ（磯岩のある海岸）が語源。稚内市は、ヤムワッカナイ（冷たい水の川）が略されたもの。

◎**空知《そらち》総合振興局**……アイヌ語のソーラプチペ（滝のかかる川）から。岩見沢市は、明治の初め頃、道路工事に従事した労働者が川のほとりに湧く湯で疲れを癒やし、湯《ゆ》浴沢《あみざわ》と称したことに由来する。

◎上川《かみかわ》総合振興局……ペニウンクルコタン（川上の人たちが住む村）、すなわち石狩川の上流を意味している。旭川市は、石狩川に忠別《ちゅうべつ》川が合流する地点に発達し、チュペツ（波立つ川）をチュプペツ（朝日の昇る川）と誤訳して旭川になったという。

◎オホーツク総合振興局……ここだけが旧網走支庁から名称変更された。網走市はアパ・シリ（入り口の土地）、ア・パ・シリ（われわれが発見した土地）など諸説ある。

◎根室振興局（根室市）……ニムオロ（流木の詰まるところ）、あるいはネモロ（樹木の茂るところ）が語源だとされる。

◎釧路総合振興局（釧路市）……クシュル（通路）あるいはクスリ（温泉）、クッチャロ（のどもと）など諸説ある。

◎十勝総合振興局……語源は明らかでないが、トカプチ（沼のあたりの枯れたところ）に由来するというのが一般的な説だ。帯広市は、オペレペレケプ（川尻がいくつにも裂けているところ）が簡略化され、それに漢字を当てた。

◎日高振興局……松浦武四郎の提言で、蝦夷の居住地「日高見国」からとって日高と名づけたという。浦河町《うらかわちょう》は、ウララペツ（霧の多い川）に由来する。

3 東北には明治になって生まれた旧?国名がある

東北地方6県の地名の由来

現在、「蝦夷《えぞ》」といえば北海道のことを指すが、古くは東日本全域を呼んでいた。また、蝦夷を最初は「エゾ」ではなく「エミシ」といい、意味も「勇人」「武人」など、勇敢な人を意味する漢語からきているのではないかといわれている。飛鳥時代の豪族・蘇我蝦夷《そがのえみし》がその例である。

大和朝廷が全国を統一してからは、蝦夷は中央に服属しない東北地方の人々を蔑む語として使われるようになり、地域を指す言葉にも使われるようになった。

他方、8世紀初頭の律令制によって、太平洋側および現在の青森県相当を陸奥国《むつ》、日本海側を出羽国《でわ》と定められた。その間にある山脈を奥羽山脈という。

昔の国名は明治維新とともに消滅したと思う人が多いかもしれないが、実は明治になって新しい旧?国名が生まれた。1868(明治元)年、東北地方での戊辰戦争終結直後に、陸奥国が陸奥（青森県、岩手県の一部）、陸中《りくちゅう》（岩手県、秋田県の一部）、陸前《りくぜん》（宮城県、岩手県南東部）、磐城《いわき》（福島県東部、宮城県南部）、岩代《いわしろ》（福島県西部）に、出羽国が羽前《うぜん》（山形県）と羽後《うご》（秋田県、山形県の一部）に分割された。今でも青森県八戸市付近から宮城県牡鹿《おしか》半島までのリアス式海岸を「三陸海岸」と呼ぶのは、陸奥・陸中・陸前の3国からきている。新しい国名はその後、廃藩置県が断行されたため、1871年7月に廃止、わずか2年7カ月という短命で終わった。

●青森県

「青森」は、現在の青森市あたりの海岸に青い松の繁る丘があったことから、青森と呼ばれるようになった。廃藩置県で弘前県が誕生し、県庁が弘前から交通の要衝青森に移されたのに伴って、県名が青森県と改称された。

陸奥は『日本書紀』に「道奥」とある。まさしく道の奥、陸地の最も奥にある地を意味する地名である。「ミチノオク」が「ミチノク」になり、「ミチ」が「ムツ」に転訛したものだといわれる。

●岩手県

「岩手」は県庁所在地の盛岡市が属していた岩手郡から。岩手は、盛岡市北西にそびえる岩手山が火山爆発して、溶岩が噴出した「岩出《いわで》」に由来。

盛岡の呼称は不来方《こずがた》だったが、16世紀後半、不来方に居城した南部信直が森の茂る丘の「森岡」と命名し、城下町の繁栄を願って「盛岡」に改めた。

●秋田県

県名は、県庁所在地の秋田市から。「秋田」は、天平時代（8世紀中頃）にすでに登場する東北地方でも特に古い地名の1つ。雄物《おもの》川河口の低湿地を指す飽田《あくた》が語源だとされるが、アイヌ語説を唱える学者もいる。「羽後」は、羽前（山形）より都から遠いことを意味する。

●宮城県

県名は県庁所在地の仙台市が所属する宮城郡から。「宮城」は、仙台の東にある陸奥国の国府所在地・多賀城に由来するというのが定説。古くは多賀柵ともいった。「朝廷の府」という意味から宮城の地名が生まれたのだろう。

「仙台」は、戦国時代に国分氏が青葉山に築城した際、近くの寺に千体仏があったこと、そして千代に栄える意味から千代《せんだい》城と命名。後に城主となった伊達政宗が仙臺（台）に改めたことによる。ほか、川の内側を川内《せんだい》と呼んだという説も。

●山形県

「山形」は、県庁が置かれた山形の都市名からつけられた。「山方」、すなわち東北地方の中央部を南北に貫いている奥羽山脈のほうにある土地、という意味からきている。712年に、越後国から出羽郡が分離し、陸奥国の2郡を加えて出羽国が誕生した。出羽は、「越の国」の端に突き出した出端《いでは》が語源。

●福島県

「福島」は県庁所在地から。福島の古称は杉妻《すぎのめ》。蒲生氏の家臣の木村吉清が、杉妻城に入城した際、縁起のいい福島城と改めたのが地名の起こりだといわれる。

県の東部が磐城で西部が岩代。磐城は古くは「岩城」とも書いた。岩で築いた砦（城）のような地形からきているという説が主流。岩代は「石背」とも書き、阿武隈《あぶくま》山地（岩）の裏側（背）を意味する地名だと思われる。

4 関東には、面白い読み方の転訛が多数ある

関東地方7都県の地名の由来

「関東」とは「関所の東」の意味である。では、どこの関所かというと、飛鳥時代後期に登場した愛発関《あらちのせき》（福井県）、不破関《ふわのせき》（岐阜県）、鈴鹿関（三重県）の古代三関に当たり、この3つの関所を結んだ線が関東と関西の境界とされた。

しかし、鎌倉に幕府が置かれるようになると、源頼朝が自らの政権の範囲を「関東方」と称したように、関東の境界はもっと東に移り、おおむね越後国（新潟県）、信濃国（長野県）、三河国（愛知県）以東となる。さらに室町～戦国時代になると箱根関が整備され、小仏関《こぼとけのせき》（東京都八王子市）が設けられて、平安時代からあった碓氷関《うすいのせき》（長野・群馬県境）と合わせた「関東三関」の東側を呼ぶようになった。

なお、東北との境界には念珠関《ねずがせき》（鼠ヶ関、新潟・山形県境）、白河関《しらかわのせき》（福島県白河市）、勿来関《なこそのせき》（福島県いわき市付近）が置かれ、「奥州三関」と呼ばれた。

●群馬県

「群馬」はかつての県庁所在地の高崎が属していた群馬郡からきている。群馬の地名は、この地に住んでいた豪族の車持君《くるまもちのきみ》にちなみ、「車」が「群馬」に転訛したものとみられる。県庁所在地の前橋市は、戦国時代には「厩橋」と書いて「マヤバシ」と呼ばれていた。それが「マエバシ」に転訛し、前橋と表記されるようになった。

群馬と栃木両県にまたがる地域は、昔「毛野国《けぬのくに》」といわれ、それが後に上野国《こうづけ》（群馬県）と下野国《しもつけ》（栃木県）に分かれた。

●栃木県

県庁所在地は宇都宮市だが、かつては県の南部にある栃木市だった。県名はその栃木にちなむ。古くは「橡木」と書き、この地域にトチの木が多く茂っていたことが、地名の起こりだといわれる。宇都宮の地名の由来は、市内にある二荒山《ふたらさん》神社の別名の「現宮《うつのみや》」が転じたといわれる。下野国の「一《いち》の宮《みや》」が転訛したという説もある。

●茨城県

「茨城」は、県庁所在地の水戸が属していた郡名に由来し、茨《いばら》の木が多かったことから「茨木」となり、後に「木」を好字《こうじ》の「城」に改めた。

茨城県は常陸《ひたち》国と下総国の北西部を県域としている。常陸は古くは「常道」と表記していた。海の水が引いて常に陸地になったからだとか、常に道の奥（陸奥）に行ける道があるという意味など諸説ある。

●千葉県

県名、県庁所在地名とも千葉郡に由来する。「千葉」の語源は、多くの葉をつけた葛《くず》の木が茂っていた地、とするのが妥当か。

房総半島から茨城県南部にかけての地域は、大化の改新前までは「総国《ふさのくに》」と呼ばれていたが、その後、上総《かずさ》国と下総《しもうさ》国に分けられ、さらに上総国から安房国が分置された。房総半島南部の安房国は、四国の阿波（徳島県）から移住してきた人たちが、この地に住み着いたことが地名の起こりだという。

●埼玉県

「埼玉」の発祥地は、県北部にある行田市。ここに前玉《さきたま》神社が鎮座し、前玉彦命《さきたまひこのみこと》と前《さき》玉姫命《たまひめのみこと》が祀られている。県庁所在地のさいたま市は、もちろん県名を拝借したものだが、地名発祥地の行田市などから抗議があったため、ひらがな名とすることで決着した。

武蔵国は埼玉県と東京都、それに神奈川県の北東部を範囲とした。武蔵ほど諸説が飛び交っている地名も珍しいが、その1つにこんな説がある。武蔵と相模は昔、「牟《む》佐国《さのくに》」という1国だった。それが上下の2国に分けられ、「牟《む》佐上《さがみ》」が相模に、「牟《む》佐《さ》下《しも》」が武蔵になったというものである。

●神奈川県

神奈川という地名は、砂鉄を多く含んだ「金川」が流れていることが由来とされる。横浜市は、幕末までは寒村にすぎなかったが、その後急速に発展した。「横に長く伸びた砂浜」、が、地名の起こりだという見方が一般的である。

●東京都

戊辰戦争における関東での戦争が一段落した1868(慶応3)年7月、「江戸ヲ称シテ東京ト為ス」の詔書が発せられ、天皇が東の京《みやこ》である東京で政務を執ることが宣言された。同年9月、元号が慶応から明治に変わり、10月に天皇が東京に入った。

5 東京23区は、もともと35区だった

1878（明治11）年、郡区町村編制法により東京府は15の区と6郡に分けられ、1889年の市制・町村制に基づき、前述の15区からなる東京市が誕生した。

◆**15区**……麹町区・神田区・日本橋区・京橋区・芝区・麻布区・赤坂区・四谷区・牛込区・小石川区・本郷区・下谷区・浅草区・本所区・深川区

◆**6郡**……荏原《えばら》郡・南豊島郡・北豊島郡・東多摩郡・南足立郡・南葛飾郡

関東大震災（1923年）で東京市は大被害を受け、市街が周辺に拡大した。これに伴い1932年、6郡を20区に分けて東京市に編入、35区からなる大東京市が出現した。1936年には砧《きぬた》村と千歳村が世田谷区に編入されて、現在の23区とほぼ同じ範囲になった。

◆**新20区**……城東区・向島区・江戸川区・葛飾区・足立区・荒川区・滝野川区・王子

区・板橋区・豊島区・淀橋区・中野区・杉並区・渋谷区・世田谷区・目黒区・荏原区・品川区・大森区・蒲田区

1943（昭和18）年に東京府と東京市が廃止されて東京都が誕生。しかし、戦火によって中心部は焦土と化し、再編制の必要が生じた。

経緯は後述するが、戦後になって1947年3月には35区から22区に統合され、同年8月に板橋区から練馬区が分区して現在の23区になった。その際、合併して新しくなる区は、千代田区を除いて区民から新区名を募集した。

◎**千代田区**……神田、麹町の2区が合併。区名は江戸城の別称である「千代田城」から。

◎**中央区**……日本橋と京橋の2区が合併。東京の中央にある区という意識のもとに命名された。候補の中には江戸区や銀座区などの区名もあった。

◎**港区**……芝、赤坂、麻布の3区が合併し、愛宕区、青山区などの候補もあったが、港があることから港区に落ち着いた。

◎**新宿区**……牛込、四谷、淀橋の3区の合併で生まれた。江戸四宿の1つ、「内藤新宿」に由来する。山手区、早稲田区、武蔵野区などの候補もあった。

◎**文京区**……小石川、本郷の2区が合併。湯島区、音羽区などの候補もあったが、文化、教育の中心だというプライドが文京区という新しい区名を生んだ。

◎**台東区**……浅草区と下谷区の合併。下町区、上野区、浅谷区など、さまざまな区名が浮かび上がったが、上野台地の東の地域を表す台東区が採用された。

◎**墨田区**……本所、向島の2区の合併。隅田川に由来する隅田区とする案もあったが、隅田川堤の通称名である墨堤の「墨」と、隅田川の「田」をとって命名した。

◎**江東区**……深川、城東の2区が合併。江東は「隅田川の東」を意味する。

◎**荒川区**……区の北部を流れていたかつての荒川（現・隅田川）に由来する。

◎**足立区**……足立区は古代からの足立郡に由来する。由来は「葦立《あしだち》」で、葦の茂る低湿地のことか。

◎**葛飾区**……葛飾は、「葛《くず》の茂っていた土地」を意味するといわれる。

◎**江戸川区**……区の東を流れる江戸川に由来する。

◎**品川区**……品川区と荏原区が合併したが、「品川」の知名度の高さに軍配が上がった。品川は目黒川の古名。新区名には城南区、東海区、大井区などの案もあった。

◎**目黒区**……区名は目黒不動に由来する。円仁の開山で、江戸五色不動の1つ。

◎**大田区**……大森区と蒲田区が合併。京浜区、多摩川区などの候補もあったが、両区の合成地名が採用された。

◎**世田谷区**……世田は「瀬田」とも書き、浅瀬を意味するといわれるが、川幅が狭くなったところのセト（瀬戸）が語源だとする説もある。

◎**渋谷区**……鉄さび（渋）などが出る谷、また水の溜まりやすい浸食された地から。

◎**中野区**……中野郷からという説と、中野町＋野方町の合成地名という説がある。

◎**杉並区**……杉の並木があったことに由来。

◎**豊島区**……豊島は、「豊かな島」の意で、古代からある豊島郡にちなむ。

◎**板橋区**……江戸四宿の1つ、板橋宿にちなむ。石神井川に架かる板の橋が由来。

◎**練馬区**……1947（昭和22）年、板橋区より分区した。練馬は「馬を訓練するところ」からとされるが、「練間」とも書かれ、「粘土質の土地」とも考えられる。

◎**北区**……滝野川区と王子区が合併。東京の北部に位置することにちなむ。

6 三重県は、中部地方か近畿地方か？

中部地方10県の地名の由来

中部地方という名称は新しく、明治末期の国定教科書制定の際、関東と近畿の間の呼称としてつくられたとされる。また、「〜地方」には法的根拠がないため、中部地方に属する県は明確ではない。三重県を中部地方とする場合が多いが、県のホームページによると「中部地方にも近畿地方にも属していると考えています」とされる。

●山梨県

「山があっても山梨県」とよくいわれるが、県内のいたるところに山がそびえている。山から成っている土地だから「山成し」とも解釈できるが、梨の木が茂っていたことに由来するというのが定説である。甲府市は、「甲斐の国府」からきている。

甲斐国がそっくり山梨県になった。甲斐は、山と山との間の狭い土地「峡《かい》」とする説、川が合流する「川合《かわ》い」とする説などがある。甲斐は確かに山と山との間に開けた地であり、甲府盆地にはいく筋もの川が合流している。

●長野県

県庁所在地の長野市にちなむ。長野は広い野原、原野を指す地名とみられる。旧国名の信濃は「科野」とも書く。「科」は坂道、傾斜地のことをいい、なだらかな傾斜地の多い長野の地形にぴったりの地名といえる。県内には「科」のつく地名が多い。

県の西南部を占める木曽地方は、かつて、その大部分が美濃国に属していた。それが信濃国に移されたのは鎌倉時代とも室町時代中期ともいわれる。2005年2月、島崎藤村の故郷であり中山道の宿場町だった馬籠《まごめ》を含む山口村が、岐阜県中津川市と越県合併した。数百年ぶりに里帰りしたといえる。

●新潟県

「新潟」も、県庁所在地の新潟市に由来する。新潟平野に注いでいる信濃川や阿賀野川が、上流から土砂を運び、河口に新しい潟を形成したことが理由だとみられる。

日本海上に浮かぶ佐渡は、島でありながら1国を形成していた。佐渡はサド（狭門）で、狭い海路に由来するとする説と、古代の郡名の雑太《さわた》郡にちなむとする説がある。サワタに「佐渡」の文字が当てられ、「サド」に転訛したとすればつじつまが合うが、定かなところはわかっていない。

北陸から東北地方にかけての日本海側は、大化の改新以前は「越国《こしのくに》」と呼ばれていたが、690年前後、京都から近い順に越前国（福井県・石川県）、越中国（富山県）、越後国（新潟県）に分かれた。

●富山県

県庁所在地の富山市から。「富山」は古くは藤居《ふじい》山といい、そこにあった富山寺《ふせんじ》が富山の地名の起こりだという。

●石川県

「石川」は、一時期県庁が置かれた美川町（現・白山市）が属する石川郡に由来。石川の地名は、群内を流れる小石の多い手取川からきているのではないかとみられる。

金沢市の地名は、金沢城の近くで砂金を採掘した金洗沢《かなあらいさわ》に由来するとか、兼六園にある金城霊沢《きんじょうれいたく》が語源だとする説もある。

石川県はかつての加賀国と能登国に当たる。7世紀末の令制国（旧国名）制定当初は越前国に属していたが、718年に能登国が分かれた。加賀国はさらにおよそ100年後の823年に越前国から分離、令制国の中で最も後にできた国である。

加賀は草地や芝草を意味する「カガ」が語源だという説や、鏡の「カガ」、あるいはカゲ（陰）が転訛したものなど諸説が入り乱れている。能登は長いところの意で、能登の地形をよく表しているようにも思えるが、これにも諸説ある。

●福井県

「福井」は県庁所在地の福井市から。古くは北ノ庄《きたのしょう》と呼ばれていたが、北は敗北に通じるとして江戸時代初期に福居に、さらに福井に改称された。

福井県は越前国と若狭国に当たる。若狭は、早くから大陸との交流があったところで、大陸から渡ってきた男女が年をとらずにいつまでも「若さ」を保っていたので、「和加左《わかさ》」の地名が生まれた、という伝説が残っている。

●静岡県

「静岡」は静岡市内にある賤機山《しずはたやま》の南側丘陵地の「賤ヶ丘《しずがおか》」にちなんでいる。静岡市は江戸時代には駿府《すんぷ》と称した。

静岡県は駿河《するが》国、遠江《とおとうみ》国、伊豆国の3国からなる。駿河は、「須流河」「珠流河」「尖河」などとも書いたように、川と関わりがありそうな地名だが、語源は明らかでない。県西部を占める遠江の由来は浜名湖。都に近い淡水湖の琵琶湖が、「近淡海《ちかつおうみ》」と呼ばれたのに対し、遠くにある浜名湖は「遠淡海《とおつおうみ》」と呼ばれ、それが転訛した。伊豆は佐渡や隠岐などとともに、遠流の地とされた辺境の地。細く突き出た地形の「出づ」が語源か。各所から温泉が湧き、湯出《ゆず》が転訛したとの見方もある。

●愛知県

県名は名古屋市が属していた愛知郡にちなむ。『日本書紀』に「吾湯市《あゆち》」とあることから、湧水の多い地とする説や、日本《やま》武 尊《とたけるのみこと》が東征の出発点として旅支度をした「足結地《あゆち》」とする説がある。名古屋は古くは那古野、那古屋、名護屋などとも書いた。各地に「ナゴヤ」という地名があり、その多くが海に突き出した岬であることから、名古屋も岬に由来した地名でないかとみられる。

愛知県は尾張国と三河国からなる。尾張は「終わり」ではなく、オハリ（小治、小墾）で、未開地を開墾したことに由来する地名とされる。三河は「参河」とも書かれ、

3つの川（境川・矢作川《やはぎ》・豊川）があったことが地名の語源とされる。

●岐阜県

「岐阜」は県庁所在地名による。古くは井ノ口といったが、織田信長が入城した際、尾張にある政秀寺《せいしゅうじ》の僧が提案した岐山《きざん》、岐陽《きよう》、岐阜の3つの候補から選んだ。

岐阜県は美濃国と飛騨国からなる。美濃は青野、大野、各務野《かがみの》の3つの野があることから「三野」となり、好字を当てたとする説、「野」の美称「御野」とする説がある。飛騨は全域が山岳地帯で、山のヒダ（襞）に由来するとみられる。

●三重県

県名は四日市に県庁が置かれていた当時の三重郡による。日本武尊が東征の折、この地に着いたとき、足が三重に曲がるほど疲れていた、とする伝説が由来の定説になっているが、「水辺《みへ》」の転訛説も無視できない。

三重県は伊勢国、志摩国、伊賀国と紀伊国の一部からなる。伊勢は「磯」の転訛が定説。7世紀末に伊勢から分離した伊賀は吾娥津姫命《あがつひめのみこと》にちなんで、「吾娥」が転訛したとされる。志摩は古くは「島」と書かれていたように、島そのものが語源か。

7 近畿は古代の首都圏＋軍事防衛圏

701年に制定された大宝律令によって、天皇を頂点とする中央集権国家が形成された。大宝律令は唐の律令を手本として作成されたもので「律」は現在の刑法、「令」は行政法、民法に該当する。天皇の居所を「宮城《きゅうじょう》」といい、これに官人や民衆の居所を合わせた区画を「都城《とじょう》」、そして、都城を取り囲む地域を「畿内」という。

当初の畿内は、大倭（大和）、山背《やましろ》（山代）、摂津、河内の4カ国だったが、757年に河内国から和泉国が分かれて5カ国となり、「五畿」となった。

古代の首都圏である畿内に対して、その周辺地域は「畿外」といわれ、畿内を軍事的に防衛する役割を担ってきた。その畿外が、いつしか「畿内に近い地域」という意味から「近畿」と呼ばれるようになったのである。

畿内は近畿とは明確に区別されていたはずだが、いつしか畿内を含めた地域全体を、

「近畿地方」と呼ぶようになった。つまり、中心部（畿内）が周辺部（近畿）を吸収したのではなく、中心部が周辺地域の地名に吸収されてしまったわけだ。

もっとも、近畿とは「宮城に近い地域の国」の意で、畿内をも含んだ用語だというのが一般的な見方ではある。

●滋賀県

「滋賀」は県庁所在地である大津市が属する滋賀郡に由来し、「洲処《すか》」が転訛したという説が有力だ。津は港のことをいう。大津は「大きな港」に由来した地名だと思って間違いないだろう。

県域は近江国に当たる。中央に広がる琵琶湖はかつて近淡海《ちかつおうみ》と呼ばれており、それが「近江」に転訛した。

●京都府

京都の「京」は都《みやこ》のことで、昔は単に「京」といっていた。また、都には「人々が多く集まるところ」の意味もあるため、平安京の一層の繁栄を願って「都」の文字をつけるようになったといわれる。

京都府は山城国と丹後国、丹波国の東部を領域としている。丹波は谷の端に広がる土地の、谷端《たには》が語源だとされる。丹後は都から見て、丹波の後ろにあることからつけられた地名である。山城国は『日本書紀』には「山背」と書かれており、それ以前は「山代」という表記もある。山背は山の背中の意。当時の都だった奈良の背後にあったことにちなむ。それが山城となったのは前述のとおり。

●兵庫県

「兵庫」は兵庫港に由来している。兵庫港は古くは摂播五泊《せっぱんごはく》の1つの大輪田泊として知られていた。現在の神戸港西側の一部に相当し、平安時代末期に平清盛が修築したことで有名だ。そこに、摂津国の西の守りを固めるために、兵器庫が設置された。それがいわゆる兵庫《つわものぐら》で、音読されて「ヒョウゴ」になったといわれている。

「神戸」は、神戸市中央区にある生田神社に由来する。神社に所属してその経済を支えた人々を「神戸《かんべ》」といい、それが後に「こうべ」に転訛した。

兵庫県は丹波国の西部と摂津国の西部、それに播磨《はりま》、但馬《たじま》、淡路の5カ国からなるが、厳密にいえば備前国の一部も含まれる。西南部を占める播磨は、墾磨《はりま》で、開墾地にちなんだ地名とみられる。山陰側の但馬は但馬牛でよく知られているが、家畜の馬とは関係なく、両側から谷が迫る狭い土地の「立間《たちま》」を語源とする説が有力だ。

淡路島は、本州と阿波《あわ》国とを結ぶ通路として、重要な役割を果たしてきた。地名も「阿波へ通じる道」の「あはみち」が転訛したとするのが定説だ。

●奈良県

県庁所在地に由来する。「奈良」は「平《なら》す」の意味で、緩やかな傾斜地を指す地名だというのが大方の見方である。奈良盆地はまさに緩やかな傾斜を持つ平坦地で、ここが地名の発生源ではないかとみられている。

大和国は日本で最も早くから開けた地である。日本の古名はヤマトで、「倭」と書き、それが8世紀の初め頃に「大和」と表記されるようになった。大和魂、大和民族、大和撫子などといわれるように、大和は日本のことだ。だから大和は、日本国の発祥地だといっても差し支えないだろう。

大和は「山処《やまと》」で山のあるところ、山に囲まれた土地を意味する。その山とは、奈良盆地の東にそびえる三輪山と推測される。三輪山の麓、桜井市には大和国の一の宮、大神神社《おおみわ》が鎮座している。古代から山は神が宿るところだと信じられ、三輪山は大神神社のご神体でもある。

ところで、廃藩置県の過程で奈良県がいったん消滅したことがある。1871（明治4）年に奈良県として誕生したが、1876年には隣の堺県に全域が併合されてしまったのだ。県庁所在地の堺市は奈良県からは遠く、奈良の人々は大変な不便を強いられることとなった。その後、堺県は1881年に大阪府に併合され、旧大和国は大阪府の一部となった。ようやく奈良県として復活したのは1887年のことである。

●大阪府

大阪の地名は、市東部の上野台地に坂が多かったことに由来する。「サカ」に接頭語の「オ」をつけてオサカと呼び、それに小坂、尾坂の文字が当てられたが、「小」を縁起のいい「大」の字に変えて「大坂」になり、前述のとおり「大阪」となった。

大阪府は、面積は狭いながらも摂津国の東部と河内国、和泉国の3国からなる。いかにこの地が早くから栄え、多くの人々が住んでいたかがわかる。

摂津は、昔は津国《つのくに》と呼ばれていた。津国は外交上重要な位置にあるため、天武天皇

（7世紀末頃）のとき、京職《しき》（左京職、右京職）に準じる摂津職が置かれた。この官職名が地名になり、やがて国名にまでなったのである。

河内国は「河の内側」、すなわち淀川の内側を意味する地名だと思われる。和泉国は、716年に河内国からいったん分かれたが、740年には再び併合され、757年に再び独立した。当初は泉国といったが、地名を漢字二文字で表す好字二字令によって、和泉国に改められたという説もある。イズミは泉で、国府が置かれていた和泉市の、泉井上神社の境内から湧出する清水に由来するといわれている。

●和歌山県

県庁所在地の都市名に由来。「和歌山」は景勝地の和歌浦に対して、山側にある岡山を和歌山としたとする説、備前岡山との混同を避けるために、「岡」を好字の和歌に変えて、和歌山としたとする説などがある。

紀伊半島の南部は、かつて「木国」「紀国」と呼ばれており、好字二字令で「紀伊」になった。紀伊国は和歌山県と三重県熊野地方の旧国名で、森林資源が豊富な地域である。

中国・四国地方9県の地名の由来

8 なぜ「中国」と呼ぶのか？

大宝律令（701年）などによって、58国3島の令制国（旧国のこと）が定められた。その後の約100年で人口調整等による分割が進み、823年の加賀国誕生を最後に66国2島の行政区分が成立、江戸時代まで続いていくことになる。

令制国制定と併せて「五畿七道《しちどう》」が定められた。七道は、行政区分であるとともに畿内から放射状に伸びる幹線道の名称でもあり、重要度によって大路《たいろ》＝山陽道、中路《ちゅうろ》＝東海道・東山道、小路《しょうろ》＝北陸道・山陰道・南海道・西海道にランクづけされた。七道には30里（約16㎞）ごとに、人や馬を置く施設である駅が設けられ、中央と地方を公用で往来する官人たちに利用された。

大路、中路、小路は、名称が違うだけではなく、道路設備はもちろん、馬の数も大路の各駅には20頭、中路には10頭、小路には5頭の駅馬を置くというように差別化さ

距離による地域のランク分けと幹線道路

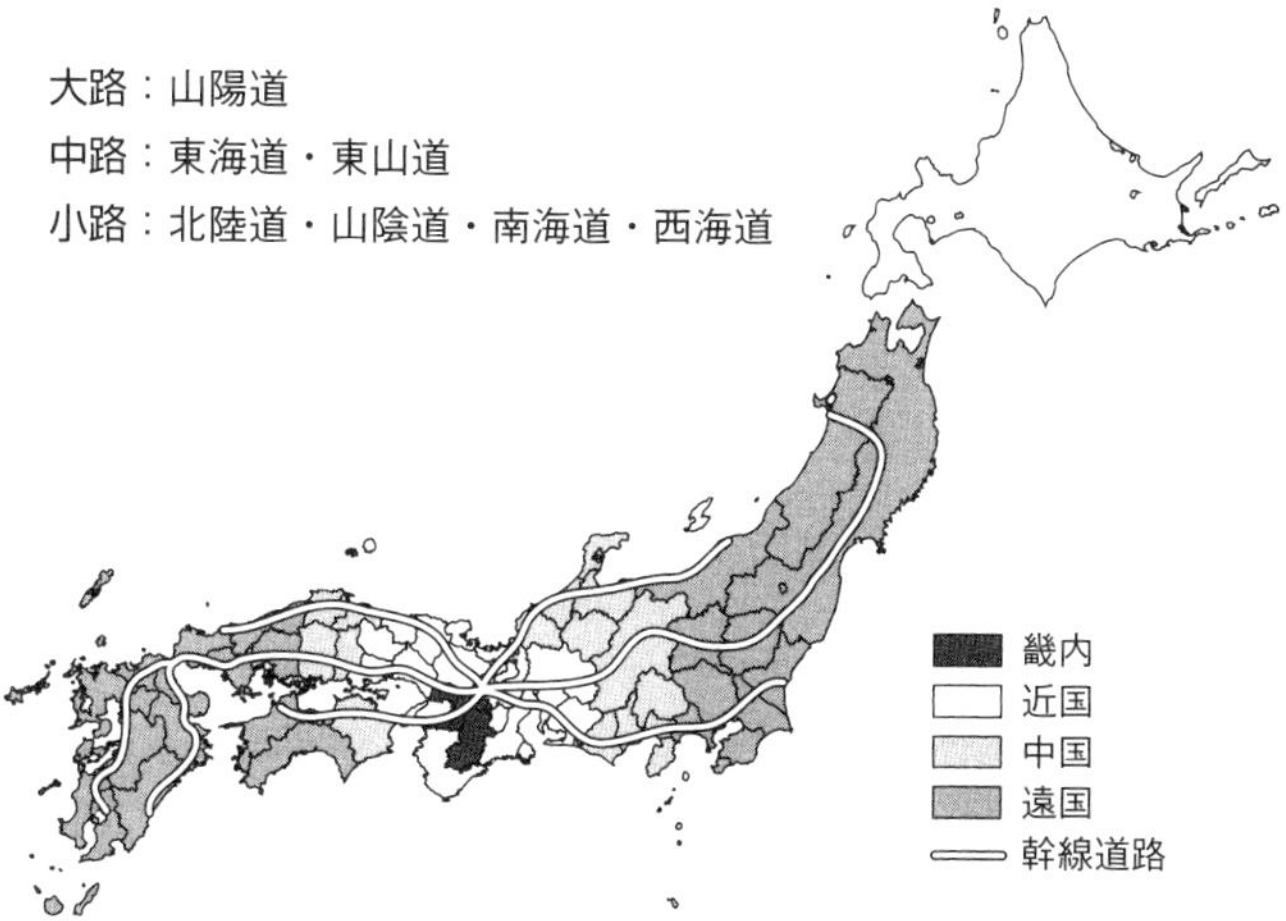

れていた。

一方、畿内を除く令制国は畿内からの距離によって近国《きんごく》、中国《ちゅうごく》、遠国《おんごく》に区分された。律令の施行細則をまとめた「延喜式《えんぎしき》」によると、東の地域では三河、美濃、若狭までが近国で、西では因幡《いなば》、備前《びぜん》、淡路《あわじ》までが近国であった。相模《さがみ》、武蔵《むさし》、上野《こうづけ》、越後《えちご》、それに安芸《あき》、石見《いわみ》、伊予、土佐から先が遠国、その中間が中国だったのである。

もっとも、近国、中国、遠国は明確な行政区分ではなかったため、次第に使われなくなった。しかし、山陽道だけは畿内と筑紫を結ぶ重要な幹線道路であるため、「中国」の名が残ったものと思われる。

ちなみに、現在の中国地方は、遠国であった石見や安芸、周防《すおう》、長門、それに近国の備前、美作《みまさか》、因幡を含んでいる。

四国は、律令時代に讃岐、阿波、伊予、土佐の4カ国が成立し、現在もほぼ同じ領域の4県が受け継がれたことからそう呼ばれることは間違いないが、経緯はそれほど単純ではない。日本書紀では四国を「伊予二名洲《いよのふたなのしま》」と表現し、「四国」の初出は近世以降だ。また、廃藩置県により愛媛県と高知県の2県だけだった時代もある。

●岡山県

県庁所在地の名に由来。戦国時代、宇喜多直家が岡山という小高い丘に城を築いてから城下町の地名となり、県名になった。

岡山県から広島県の東部にかけての地域は、吉備国《きびのくに》と呼ばれていたが、大化の改新後に都からの遠近によって備前《びぜん》、備中《びっちゅう》、備後《びんご》の3国に分割された。さらに713年には、備前国の北部が美作国として独立した。吉備の地名は、穀物の黍《きび》の産地だったことに由来するというのが定説だ。

岡山県北部の美作は「御坂《みさか》」で、坂を越えたところの山間に開けた地を意味する地名だと思われる。

●広島県

県庁所在地の名に由来。「広島」は、毛利輝元が広島城を築城したことに由来。太田川のデルタ地帯にある広い島に城を築いたという説と、毛利氏の祖である大江広元と、この地の豪族・福島元長から「広」「島」をとったとする説がある。

広島県西部の安芸《あき》国は、実りの「秋」が語源ではないかといわれるが定かでない。

●山口県

県庁所在地の名に由来。「山口」は山の入り口の意で、その山は山口市の北にそびえる東鳳翩山《ひがしほうべんざん》のことだといわれる。

県東部の旧国名である周防《すおう》の語源は不明だが、古くは「周芳《すは》」とも書いていたことから、「洲端《すは》」が語源とする説がある。県西部の長門国は「穴門《あなと》」と書き、それが転訛したとする説が有力。長門は関門海峡を指すのではないだろうか。

●鳥取県

県庁所在地の名に由来。「鳥取」は、水鳥を捕らえて朝廷に献上する鳥取部《ととりべ》が居住していたことに由来するとされる。

鳥取県東部の因幡《いなば》国は、古くは「稲羽」「稲場」と書き、稲田の広がる地が語源だと思われる。鳥取県の西半分を占める伯耆《ほうき》国の地名由来もハッキリしない。古代には「ハハキ」と発音したことから、ハハキは「帚木」で、ほうき草に由来するとする説、崖地を表すとする説などがある。

●島根県

県名は県庁所在地の松江市が所属した島根郡に由来する。「島の根っこにある地」という意味から島根の地名が生まれたのだろうか。「松江」は、江戸時代初めに堀尾吉晴が宍道湖《しんじこ》のほとりに城を築き、松江城と命名したことによる。中国の杭州に風光明媚で人気の西湖があり、その湖畔の「松江《ずんこう》」にあやかったのではないかといわれる。

島根県は出雲国、石見《いわみ》国、隠岐国の3国からなる。出雲には雲のよく出る「出雲」

説、美しい藻が生えている地の「厳藻《いづも》」説、あるいは国引き神話にちなむという説やアイヌ語説まで入り乱れている。県西部の石見国の語源は「岩海」で、岩の多い海岸が地名の語源ではないかとみられる。

隠岐は古くからの流刑地で、後鳥羽上皇や後醍醐天皇らが流されたことでよく知られる。地名は「沖に浮かぶ島」が語源で、沖が隠岐に転訛したとみられる。

●香川県

「香川」は県中部を流れる香東《こうとう》川流域の香川郡に由来する。また、「香る川」を語源とする説、「枯川《かれかわ》」が転訛し、好字の香川を当てたとする説もある。県庁所在地の高松の地名は、海岸に高い松の木があったことに由来するといわれる。

旧国名である讃岐は、古くは「狭貫」とも書いたらしい。この文字から察すると、「狭く貫く」、すなわち、狭い土地のため、川がまたたく間に瀬戸内海に抜けてしまう意味にもとれそうだ。讃岐は「真麦《さむぎ》」が転訛したものとの説もある。

●徳島県

県庁所在地の名に由来。「徳島」は、播磨の龍野（岡山県たつの市）から転封された秀吉家臣の蜂須賀家政が、吉野川河口近くの中洲に築いた城を徳島城と命名したことにより、それが県名になった。旧国名は阿波《あわ》。古代には「粟国」と表記され、地名の2字化で粟が阿波に改められた。

●愛媛県

県名は、廃藩置県の際に『古事記』の「四国の伊予を愛比売《えひめ》という」からとったという。県庁所在地の松山は、関ヶ原の戦で功績のあった加藤嘉明《よしあき》が、松の木が茂る勝山の山頂に城を築き、松山城と命名したことによる。

旧国名である伊予の語源は、出湯《いゆ》がイヨに転訛したとか、伊予は「良い国」を表現した地名だとする説などがあるが、不明である。

●高知県

「高知」は、山内一豊が河中山《こうちやま》城を築いた後、たびたび水害に見舞われたため、河の字は縁起が悪いとして高知に改めたものである。

旧国名は土佐で、狭い土地の意、あるいは浦戸湾の狭い門（出入り口）を意味する「門狭《とさ》」から発生した地名といわれる。

9 かつては日本の一大勢力圏だった九州

「九州」は、西海道のうち筑前・筑後・肥前《ひぜん》・肥後《ひご》・豊前《ぶぜん》・豊後《ぶんご》・日向《ひゅうが》・大隅《おおすみ》・薩摩の9国の総称とされる。ただし、いつから「九州」が使われたかは不明だ。

九州は『日本書紀』に「筑紫洲《つくしのしま》」と記され、畿内に対抗しうる一大経済文化圏を形成していた。大化の改新後は、畿内に対抗しうる政治勢力を持つ九州を指す呼称として「西国」が用いられるようになった。しかし、鎌倉時代以降は、幕府勢力の及ぶ東国に対し、越中、飛騨、美濃、尾張以西の広い地域を西国と呼ぶようになった。

●福岡県

城下町「福岡」にちなむ。関ヶ原の戦いの戦功で筑前国主となった黒田長政は、現在の福岡市に当たる「福崎」に城を築き、出身地の備前国邑久《おく》郡福岡村の地名にちなんで福岡城と命名。城下も福岡に改めた。小さな村名が県名にまで大出世したのである。

福岡県は筑前国、筑後国と豊前国の北部を県域とする。筑前と筑後は7世紀末頃に筑紫国から分かれた。筑紫は道が行き着くの「ツクシ」、筑石《つくいし》などの諸説がある。

●大分県

『豊後国風土記』には、景行天皇がこの地に来て「碩田《おおきた》」(大きい田がある地)と言ったことと書かれており、それが転訛したとされる。刻まれたような地形の大段《おおきだ》説、河川が大きく分かれるところの意だとする説もある。

大分県と福岡県東部にかけての地域は「豊国《とよのくに》」と呼ばれ、それが豊前国と豊後国に分割された。豊国はその名の通り、「豊かな国」を表現した地名だろう。

●佐賀県

「佐賀」は江戸時代までは「佐嘉《さが》」と表記されることもあり、明治になって佐賀に統一された。サカは「賢」で、賢い巫女《みこ》の伝説にちなむ。楠の木が茂り、栄える土地の栄《さか》説、河口の洲処《すか》が語源だとする説などもある。県名は、郡名および県庁所在地名にちなむ。

有明海を囲む一帯は古くは「肥国《ひのくに》」と呼ばれた。景行天皇が九州巡幸の折、夜の海で迷った際に、海上でゆらめく謎の火「不知火《しらぬい》」に導かれて岸にたどり着いたという故事から「火国《ひのくに》」となり、これに好字の「肥」が当てられた。後に有明海を挟んで肥前国と肥後国に分かれ、廃藩置県で肥前国が佐賀県と長崎県に分かれた。

●**長崎県**

長崎県は海岸線が複雑に入り組んだ地形が特徴で、地名も「長く突き出した岬」が語源だとされる。県名は県庁所在地名からつけられた。

長崎県は肥前国、壱岐国、対馬国からなる。壱岐は「大陸に行く島」との意から「イキ」になったとする説、沖にある島の「オキ」が転訛したとする説がある。対馬は「津島」とも書かれ、津（湊）が多くある島と解釈できる。あるいは、上島と下島が対になっているので、対馬というのかもしれない。

●**熊本県**

熊本は古くは「隈本」と書き、加藤清正が入城後に熊本に改めた。熊本は「曲処《くまもと》」で、曲がりくねった道や川が語源だとされる。県名も城下町の熊本にちなむ。旧国名は肥後国。

●宮崎県

「宮崎」は「宮の前」を意味する。宮崎郡内にあった江田神社の前を宮崎と呼んだことが始まり。日向国は「日に向く」と書くように、太陽の昇る方向に向かって開けた地、という意味から生まれた地名だと思われる。

●鹿児島県

「鹿児島」は、桜島の古名が鹿児島だったとする説、鹿の子が多くいたとする説がある。鹿児島県は、薩摩国と大隅国からなる。県の西部地域を占める薩摩は、「サ（接頭語）＋ツマ（端）」で、日本の端にある国の意を語源とするのが定説になっている。県東部の大隅も、日本の隅（角）にある国を指す地名だろう。

●沖縄県

沖縄の語源は、沖魚場《おきなは》（沖の漁場）だとする説が有力である。また、県庁所在地の那覇も魚場《なは》が語源だというのが定説になっている。

沖縄の古名「琉球」は中国での呼称で、台湾南部を指す「ロウキョウ」が「リュウキュウ」に転訛したものだといわれる。

国名の由来

10 「日本」という国名はいつできた？

肝心の「日本」という名前はいつ頃から使われるようになったのだろうか。

国の名前のことを「国号」という。「日本」が誕生したのがいつかは定かではないが、おそらく7世紀後半と考えられている。歴史学者の網野善彦氏によると、689年の飛鳥浄御原令《きよみはらりょう》からではないかという。701年に制定された大宝律令には「日本《やまとの》天皇《すめらみこと》」と記され、遣唐使によって中国に「日本」を伝えている。

それ以前は「大八《おおや》州国《しまくに》」とか「葦原中津国（あしはらのなかつくに）」「豊葦原之千秋長五百秋之水穂国（とよあしはらのちあきのながいほあきのみずほのくに）」「師木《しき》島《しま》」などさまざまな呼び方があった。大八州国は「多くの島からなる国」を意味し、本州、四国、九州、淡路島、壱岐、対馬、隠岐、佐渡島の8島を指すといわれる。

4世紀に大和政権が全国を統一してからは、「ヤマト」「オオヤマト」が使われるようになったが、中国や朝鮮は日本のことを「倭国《わこく》」と呼び、外交上は自国のことを倭国と名乗っていたようだ。

日本という名前の由来としては、推古天皇が隋に送った国書に「日出処天子《ひいずるところてんし》…」とあり、この「日出処」から「日本」が生まれたという説がある。

なお、中国の史書に「日本」の呼称が出てくるのは、『旧唐書《くとうじょ》』の「東夷伝《とういでん》」が初めてで、それには「倭国」と「日本国」の両方が併記されている。もし、倭国とは別に日本国が存在していたとしたら、それは蝦夷を指していたのではないだろうか。新潟と山形の県境に、高さ555ｍの「日本国」という奇妙な名前の山があるが、ここが倭国と日本国の境界だったと想像すれば面白い。

では、「ニホン」なのか「ニッポン」なのか。昔から外国人には「ニッポン」と呼ばせ、国内では「ニホン」といっていた。より自国を強調するときには「ニッポン」を使い、日常的には「ニホン」を使っていたようだ。

１９３４年の文部省臨時国語調査会では、「ニッポン」を正式な国号とすることが議決されたが、法制化されなかったため、現在でも２通りの読み方が使われている。

11 公募をしたのに、ほぼ1位から採用されなかった東京都の新区名

東京23区の新区名

東京は太平洋戦争で壊滅的な被害を受けた。特に都心部は、もぬけの殻同然の惨状で、人口が戦争前の5分の1以下に激減した区もあったほどである。そのため、独立した1つの区として行政を運営していくことが、財政的に困難だったのである。

戦後になって、日本を占領した連合国軍最高司令官マッカーサーの「すみやかに整理統合せよ」という指令の下、人口の減少が著しい中心部の区が統合されることになった。1947（昭和22）年3月、35あった区が22区に改編されたのである。

24の区がそれぞれ隣接する区と合併して、新11区が誕生した。新区名を決めるにあたって、『東京新聞』が読者を対象にした公募を実施した。

対象となったのは日本橋、京橋、芝、赤坂、麻布、牛込、四谷、淀橋、小石川、本郷、下谷、浅草、本所、向島、深川、城東、品川、荏原、大森、蒲田、王子、滝野川

の22区である。麹町、神田の両区は、すでに千代田区とすることが決まっており、公募からは除外された。

一方、目黒区、世田谷区、渋谷区、中野区、杉並区、豊島区、荒川区、足立区、葛飾区、江戸川区の10区は、エリア、名称ともそのままだった。板橋区は同年8月に新たに練馬区を分離、こうして現在の23区が誕生した。

公募には賞金がかかっていたこともあって、区民の関心は高く、応募総数は24万票以上にも達した。プロ野球のオールスター投票と同じように中間発表されたため、上位候補に票が集中するという傾向があった。

しかし、上位獲得票の候補が区名に採用されたわけではない。また、旧区名の存続は、消滅する区の住民からの反発が予想されたため、旧区名はほとんど採用されなかった。唯一品川区だけが、荏原区を吸収する形で残った。

新しく決まった区名を見ると、1位を獲得した区名がそのまま新区名に採用されたのは、中央区と江東区だけで、10区中5区までが、上位15位にランクすらされていない候補の中から選ばれている。

東京新区名の投票結果

合併旧区	第1位	第2位	第3位	第4位	第5位	第6～15位	決定名（年月日）
日本橋 京橋	中央 7975	江戸 2748	銀座 2112	大江戸 1387	日京 1137	⑥江戸橋⑦栄⑧朝日⑨昭和⑩八重洲⑪東京⑫常盤⑬旭⑭中⑮二ツ橋	中央（①） 昭22・2・25
芝 赤坂 麻布	愛宕 6712	青山 2565	青葉 2248	飯倉 2162	三田 625	⑥富士見⑦山手⑧高輪⑨山王⑩港⑪常盤⑫緑⑬八千代⑭新橋⑮大和	港（⑩） 昭22・2・26
牛込 四谷 淀橋	戸山 9879	山手 2798	新宿 1824	早稲田 862	武蔵野 449	⑥富士見⑦花園⑧市ヶ谷⑨城西⑩西⑪代々木⑫武蔵⑬京西⑭中央⑮御園	新宿（③） 昭22・2・22
小石川 本郷	春日 8648	湯島 5615	富士見 614	音羽 425	山手 412	⑥白山⑦駒込⑧彌生⑨八千代⑩後楽⑪曙⑫大和⑬城北⑭常盤⑮京北	文京（×） 昭22・2・25
下谷 浅草	上野 7237	下町 4136	太平 1424	隅田 548	浅谷 405	⑥京北⑦花園⑧吾妻⑨山下⑩観音⑪栄⑫桜⑬吉野⑭昭和⑮曙	台東（×） 昭22・3・2
本所 向島	隅田 9314	墨田 8049	吾妻 825	隅田川 663	江東 601	⑥本島⑦両国⑧言問⑨吾嬬⑩業平⑪東⑫千歳⑬太平⑭大川⑮桜	墨田（②） 昭22・2・25
深川 城東	江東 8836	永大 3256	辰巳 1548	清澄 306	東 300	⑥墨田⑦小名木川⑧東川⑨州崎⑩亀戸⑪曙⑫東陽⑬深城⑭八幡⑮鰻	江東（①） 昭22・2・25
品川 荏原	大井 8418	東海 2100	城南 737	八ツ山 474	港 292	⑥大崎⑦高輪⑧川原⑨京浜⑩品原⑪山手⑫五反田⑬京南⑭御殿山⑮武蔵	品川（×） 昭22・2・25
大森 蒲田	東海 7136	六郷 2124	京浜 1186	池上 1112	多摩川 836	⑥多摩⑦羽田⑧城南⑨森田⑩玉川⑪京南⑫南⑬港⑭本門寺⑮臨海	大田（×） 昭22・3・2
王子 滝野川	飛鳥 1万2198	飛鳥山 1099	赤羽 812	京北 587	城北 524	⑥武蔵野⑦北⑧十條⑨王瀧⑩桜⑪田端⑫滝王⑬紅葉⑭花園⑮滝王子	北（⑦） 昭22・2・25

12

神奈川県だった「三多摩」は、紆余曲折を経て東京に

三多摩の変遷

東京の23区以外の地域は「サンタマ」とも呼ばれる(島しょ部を除く)。三多摩とは北多摩、西多摩、南多摩の3郡のこと。しかし、町村の市制施行により1970(昭和45)年に北多摩郡が、翌年に南多摩郡が消滅。西多摩郡も青梅市、福生《ふっさ》市、あきる野市、羽村市が成立して、現在は瑞穂町、日の出町、檜原《ひのはら》村、奥多摩町を残すのみだ。

三多摩は、明治の中頃までは東京府に属していなかった。廃藩置県により、武蔵国時代の多摩郡は神奈川県に配属されたのである。なお、1878(明治11)年の郡区町村編制法で古来の多摩郡は東西南北の4郡に分かれ、東京府下の地域が東多摩郡(現在の中野区・杉並区)であった。

東京府民の飲料水は、そのほとんどを玉川上水に頼っていた。しかし、水源地と水

神奈川県だった三多摩

路の大部分は神奈川県の管轄だったため、東京府独自では玉川上水の衛生管理と安定供給が難しく、たびたび水不足に悩まされてきた。また、上流が汚染されてコレラが大流行し、多くの死者を出したこともある。そのため、玉川上水の水源から下流までを東京府の管理下に置くべきだという議論が起こった。

三多摩の東京府移管に反対する声は大きかったが、

時の政府は反対意見を無視して、1893（明治26）年4月に断行した。実は、これには特別な政治的事情があった。

三多摩は自由民権運動が最も活発に行われた地域で、政府と敵対する自由党の本拠地でもあった。神奈川県議会は、自由党の主導で運営されていたほどである。政府にとって神奈川県の自由党は厄介であり、その勢力を何とかして削がなければならない。

そこで浮上したのが、玉川上水の衛生管理と水源地保護を口実にして、三多摩を神奈川県から切り離す案だったのだ。

政府の目論見どおり、自由党の勢力は東京と神奈川に分断されたため、それまでの勢いは失せ、政府が推し進めようとしていた軍事路線が軌道に乗ることになった。

もっとも、玉川上水の改良事業も順調に進み、東京府民の飲料水を安全に確保するという当初の目的も実現できたのだから、政府にとってはまさに一石二鳥だった。

第8章

平成の大合併で地名はどう変わった？

1 明治以来、地名の合併は繰り返されてきた

合併の歴史

本書ではたびたび「平成の大合併で」と繰り返してきた。本章では改めてこの平成の大合併を見ていくことにしよう。

地名を論ずる場合、その多くは市町村名を対象とする場合が多いだろう。ところが、2001年からの数年間で市町村数が約3200から約1800にまで減少してしまった。これに伴い、市町村名やそれ以下の地名も大きく変わってしまったのである。

実は、自治体数が激減したのは平成の大合併だけではない。明治の大合併もあれば昭和の大合併もある。地方自治は合併の歴史でもある。

現在の市町村の形は、1889（明治22）年4月1日施行の市制・町村制（別々の法令）に始まる。明治政府は廃藩置県後も、試行錯誤を繰り返しながら府県の統廃合を進め、明治の半ばには3府43県に落ち着いた。これでようやく、近代国家の骨組み

となる行政区画が完成したのである。しかし、末端の地方行政組織である「村」については、ほとんど手がつけられていなかった。

そこで政府は、行政組織を適正規模にする編成作業に入った。「大区・小区制」「郡区町村編制法」などを経て、最後にたどり着いたのが市制・町村制である。なにしろ、それまで全国に7万以上あった町村が、この法律施行によって1万5000あまりに激減したのである。これが「明治の大合併」だ。

新たな町村が生まれると同時に、この年、初めて「市」が誕生した。東京市、横浜市、京都市、大阪市のほか、県庁所在地以外で弘前市、高岡市、堺市、姫路市、赤間関市（現・下関市）、久留米市などの39市である。一方、合併によって消滅した村の名前は「大字」として残り、村未満の集落名が「字（小字）」となった。

その後も日本の近代化が進む中で、町や村はジリジリとその数を減らしていった。戦後になって、新たな地方自治確立のため、1947（昭和22）年、市制・町村制に代わる地方自治法が施行。さらに、市町村による新制中学や社会福祉、消防・警察の管理体制の適正化などを目的に、1953年、町村合併促進法が施行された。ここでまた多くの市が生まれ、多くの町村が消滅した。これが「昭和の大合併」である。

明治と昭和の大合併について、総務省「『平成の合併』について」から抜粋する。

「明治の大合併は、近代的地方自治行政を実現するための基盤を整備することを目的として、小学校や戸籍の事務処理を行うため、戸数300～500戸を標準として進められた。その結果、明治21年に7万1314あった市町村が、明治22年には1万5859と大きく減少した。昭和の大合併は、戦後の地方自治、特に市町村の役割を強化する必要から、中学校1校を効率的に設置管理していくため、人口規模8000人を標準として進められた。その結果、昭和28年に9868あった市町村が、昭和36年には3472と約3分の1となった」

国はその後も合併促進策を続ける。

1965（昭和40）年に「市町村の合併の特例に関する法律」、通称、合併特例法を公布・施行した。合併特例法は10年の時限立法であったが、なかなか合併が進まず、法の延長を繰り返した。それでも、人口増による市制施行によって市の数が増えることはあっても、町村を含めた全体数としてはほとんど変化がなかった。

一方、自治体の財政事情は高齢化に伴う社会福祉費の増大や過疎化などによって悪化し、多くの自治体が財政難に陥った。そこで政府は、1995（平成7）年に合併特例法の10年延長、住民発議制度の創設等を盛り込んで合併特例法を改正した。

ところが、それでも合併は進まなかった。合併に躊躇《ちゅうちょ》する市町村が多く、当初の目論見どおりに進展しなかったため、業を煮やした政府は2000年、合併特例債の新設等の優遇策を打ち出した地方分権一括法を施行させ、合併特例法をさらに改正して自治体の尻を叩いた。その直後に市町村合併推進本部が設置され、こうして「平成の大合併」が本格的に始動したのである。

北関東初の100万都市となった2001年5月のさいたま市誕生もあって（政令市指定は2003年4月）、このあたりから合併協議会を設立する市町村が急増、合併に名乗りを上げる市町村が全国で相次いだ。2005年には新合併特例法を施行し、市町村の統廃合は翌年3月までピークを迎えた。実質的にここまでが平成の大合併である。その後、新合併特例法は2010年まで続いたが、2006年4月以降の動きはわずかであった。

市町村数の推移（1888〜1995年）

	市	町	村	合計
1888(明治21)年		(71,314)		71,314 *1
1889(明治22)年	39	(15,820)		15,859
1922(大正11)年	91	1,242	10,982	12,315
1945(昭和20)年10月	205	1,797	8,518	10,520
1947(昭和22)年8月	210	1,784	8,511	10,505 *2
1953(昭和28)年10月	286	1,966	7,616	9,868 *3
1956(昭和31)年4月	495	1,870	2,303	4,668 *4
1956(昭和31)年9月	498	1,903	1,574	3,975 *5
1962(昭和37)年10月	558	1,982	913	3,453 *6
1965(昭和40)年4月	560	2,005	827	3,392 *7
1970(昭和45)年12月末	592	2,001	673	3,266
1975(昭和50)年12月末	643	1,976	631	3,249
1980(昭和55)年12月末	646	1,994	609	3,249
1985(昭和60)年12月末	651	2,003	599	3,253
1990(平成2)年12月末	655	2,003	587	3,245
1995(平成7)年12月末	664	1,992	576	3,232 *8

*1 市制町村制施行　*2 地方自治法施行　*3 町村合併促進法施行　*4 新市町村建設促進法施行　*5 町村合併促進法失効　*6 市の合併の特例に関する法律施行　*7 合併特例法施行　*8 改正合併特例法施行

※1970年以降の数字は北方領土６村を除く（左ページの表も同様）

出典）総務省HP、同「『平成の合併』について」、政府統計e-Stat

市町村数の推移（1999〜2020年）

	市	内政令市	町	村	合計
1999年	671	12	1,990	568	3,229
2000年	671	12	1,991	567	3,229
2001年	671	12	1,986	566	3,223
2002年	675	12	1,980	562	3,217
2003年	679	13	1,947	550	3,176
2004年	712	13	1,734	481	2,927
2005年	755	14	1,118	270	2,143
2006年	779	15	842	196	1,817
2007年	783	17	820	195	1,798
2008年	783	17	806	193	1,782
2009年	783	18	798	191	1,772
2010年	786	19	757	184	1,727
2011年	786	19	749	184	1,719
2012年	788	20	747	184	1,719
2013年	789	20	746	184	1,719
2014年	790	20	745	183	1,718
2015年	790	20	745	183	1,718
2016年	791	20	744	183	1,718
2017年	791	20	744	183	1,718
2018年	792	20	743	183	1,718
2019年	792	20	743	183	1,718
2020年	792	20	743	183	1,718

※各年12月末日の数字

出典）政府統計e-Stat

2 平成の大合併は、なぜ必要だったのか？

平成の大合併の狙い

前項のとおり、1995（平成7）年施行の改正合併特例法でも合併は進まなかった。そこで政府は地方自治法を改正し（2000年施行）、人口要件5万人を含めて、市になる要件を大幅に緩和した。2005年3月末日までの合併を条件に、人口3万人以上であれば、他の要件を満たさなくても市に昇格できるという優遇策を打ち出した。

それでも合併の動きが鈍いと見るや、2005年3月末に失効する合併特例法に代えて、同年4月施行の「市町村の合併の特例等に関する法律」、通称、新合併特例法を打ち出してきた。合併特例法の正式名に「等」をつけただけであるが（2010年改正で「等」が外れた）、主眼は、合併特例法の適用を1年間延期し、2005年3月末日までに市町村議会で合併の議決をしておけば、合併は2006年3月末日までにすればよいというもの。そうすれば、合併後の10年間は、合併特例債（国から借り入れできる地方債）の発行ができるのである。

　また、合併直後の臨時的経費に対する財政措置として、２００６年３月末日までに合併すれば、合併後10年間、合併前に受け取っていた普通地方交付税の金額が保証されることとした。一方、地方交付税の優遇措置は縮小され、自治体に対する国の援助はさらに減少することになった。「今、合併しないと小さな町や村の将来は真っ暗闇ですよ」と危機感をあおって、合併を推進したわけである。

　地方交付税とは、財政の乏しい自治体に対して国が交付する税のことで、各市町村にとっては使途に制限のない貴重な一般財源になっている。だから全国の市町村は、自分たちの町の将来がかかっているだけに、合併に関しては真剣なのだ。

　そうまでして政府が市町村合併を積極的に推し進めた背景には、破綻を来している国および地方自治体の財政建て直しと、行政の合理化、効率化がある。要するに、市町村合併で自治体の数が減れば、合併前に比べて普通地方交付税の総額は少なくてすむ。ひっ迫する国の財政負担がそれだけ軽減されるわけだ。これが、平成の大合併の最大の狙いであった。

3 合併した市町村の数は、西高東低

自治体数の減少状況

２０００年４月１日時点で３２２９の市町村があった。それが、新合併特例法の特例期限が切れた２００６年４月１日には１８２０にまで減少した。約１４００、率にして約43％の市町村が６年で消滅したことになるが、政府は当初、１０００程度にすることを目論んでいた。その点では、満足のいく結果ではなかっただろう。

都道府県別の合併状況を見ると、市町村数を３分の１以下にまで減らした県もあれば、ほとんど減らなかった県もあった。

東京都では、２００１年１月に保谷《ほうや》市と田無《たなし》市が合併して西東京市が誕生したのみ。神奈川県では、２００６年３月に相模湖町と津久井町が、翌年３月に城山町と藤野町が相模原市に編入されたのみ。大阪府は、２００５年１月に美原町が堺市に編入したケースのみである。面積が県レベルの市町村が相次いで誕生すると思われた北海道は、終わってみれば212から180へと約15％減っただけであった。

減少率が最も高かったのは広島県で、86の市町村が23に激減。ほか、愛媛県、長崎県の減少率が高く、おおむね西日本のほうが合併が進んだといえる。

2006年4月以降も新合併特例法は続けられたが、新たに誕生した自治体は17。次のとおり、愛知県ほか、やはり西日本に多く見られる。

【2006年】弥富市（愛知県）、岩出市（和歌山県）、【2007年】本宮《もとみや》市（福島県）、みやま市（福岡県）、木津川市（京都府）、南九州市（鹿児島県）、【2008年】伊佐市（鹿児島県）、【2010年】糸島市（福岡県）、あま市（愛知県）、姶良《あいら》市（鹿児島県）、【2011年】野々市《ののいち》市（石川県）、【2012年】長久手市（愛知県）、白岡市（埼玉県）、【2013年】大網《おおあみ》白里市（千葉県）、【2014年】滝沢市（岩手県）、【2016年】富谷《とみや》市（宮城県）、【2018年】那珂川市（福岡県）　※【2019年】篠山市（兵庫県）が丹波篠山市に改称
人口要件が3万人から5万人に戻った2010年4月以降に誕生した市（右の野々市市以降）のすべてが、合併ではなく同名同表記の町からの単独市制である。

平成の大合併による市町村の減少率

※ともに４月１日時点

	2000年	2006年	減少数	減少率(%)
北海道	212	180	32	15.1
青森県	67	40	27	40.3
岩手県	59	35	24	40.7
宮城県	71	36	35	49.3
秋田県	69	25	44	63.8
山形県	44	35	9	20.5
福島県	90	61	29	32.2
茨城県	85	44	41	48.2
栃木県	49	33	16	32.7
群馬県	70	39	31	44.3
埼玉県	92	71	21	22.8
千葉県	80	56	24	30.0
東京都	40	39	1	2.5
神奈川県	37	35	2	5.4
新潟県	112	35	77	68.8
富山県	35	15	20	57.1
石川県	41	19	22	53.7
福井県	35	17	18	51.4
山梨県	64	29	35	54.7
長野県	120	81	39	32.5
岐阜県	99	42	57	57.6
静岡県	74	42	32	43.2
愛知県	88	63	25	28.4
三重県	69	29	40	58.0

	2000年	2006年	減少数	減少率(%)
滋賀県	50	26	24	48.0
京都府	44	28	16	36.4
大阪府	44	43	1	2.3
兵庫県	88	41	47	53.4
奈良県	47	39	8	17.0
和歌山県	50	30	20	40.0
鳥取県	39	19	20	51.3
島根県	59	21	38	64.4
岡山県	78	29	49	62.8
広島県	86	23	63	73.3
山口県	56	22	34	60.7
徳島県	50	24	26	52.0
香川県	43	17	26	60.5
愛媛県	70	20	50	71.4
高知県	53	35	18	34.0
福岡県	97	69	28	28.9
佐賀県	49	23	26	53.1
長崎県	79	23	56	70.9
熊本県	94	48	46	48.9
大分県	58	18	40	69.0
宮崎県	44	31	13	29.5
鹿児島県	96	49	47	49.0
沖縄県	53	41	12	22.6
合計	3,229	1,820	1,409	43.6

4 ひらがなの新地名誕生で葬られた歴史と伝統

ひらがな名の市町村

２００1年5月、県庁所在地として初めてのひらがな市名となるさいたま市が誕生し、以来、各地でひらがな名の市町村が続々と名乗りをあげた。北海道のむかわ町から沖縄のうるま市まで、その数は30以上にも達する。

実は、ひらがな市町村は以前にもあり、１９４８年にできた、ちの町（長野県）が最初である。その後、ちの町は合併して茅野町、そして茅野市となったが、現在でも茅野市内の町名として「ちの」が残っている。現存するひらがなの町では、すさみ町（和歌山県・１９５５年）が最初だ。もともと、明治の町村制施行時で周参見村が成立しており、周参見町になった後、2村と合併する際にひらがな名に改称した。市では、むつ市（青森県・１９６０年）が最初である。

漢字の地名には、その土地に伝わる歴史や文化が込められている。これまでも本書でも紹介してきたように、地名の命名、あるいは改名に際し、「好字を当てる」という表現がある。すでに8世紀前半には、「郡郷名は好字で表すように」と通達されているのである。好字と同じ意味の言葉に佳字《けいじ》、嘉字《かじ》があるが、これらは、縁起のいい文字、めでたい文字に置き換えることをいい、こうしてできた地名を瑞祥《ずいしょう》地名という。

また、「大坂」が「大阪」に変わったように、漢字には意味があり、「秀吉が改称した」「伊達政宗が命名した」というように、時代背景や人物が潜んでいる。しかし、ひらがな名からは土地の文化も風景も浮かんでこないし、歴史を探る手がかりも見つけにくい。その意味でも、安易にひらがなの地名にすべきではないと思うのだが。

さて、いったん決まったひらがなの市名が、住民の猛烈な反対で白紙に戻ったという珍しいケースがある。岐阜県南西部にある海津《かいづ》郡の平田、南濃《なんのう》、海津の3町が、合併に際して新市名を公募し、「ひらなみ市」に決まった。ところが、この市名からは土地の顔が見えてこないと、住民の評判はすこぶる悪かった。しかも、民意を無視した決め方に非難が集中した。というのも、応募総数2559票のうち、「ひらなみ市」はわずか2票しかなかったからだ。

「ひらなみ」の由来は、3町の頭文字をとって「平南海」とし、それを「ひらなみ」と読ませるという実にお粗末な命名法である。結局は世論に負け、郡名から取った海津市にすることで落着した。

ひらがな名にするという事情はわからないでもない。前述したすさみ町のように、他の町村が吸収合併されたというマイナスイメージを薄めるための折衷策として、ひらがなの市町村名にしたケースも少なくないからだ。

たとえば、茨城県の「かすみがうら市」は、霞ヶ浦町と千代田町が合併して誕生した市だし、福井県の「あわら市」は芦原町と金津《かなづ》町が、三重県の「いなべ市」は員弁《いなべ》、北勢《ほくせい》、大安《だいあん》、藤原の4町が、福岡県の「うきは市」は浮羽町と吉井町の合併というように、合併するメンバーの中に同音の町が存在している。

しかし、同じひらがな市名でも、栃木県の「さくら市」の命名は理解に苦しむ。さくら市は2005年3月に、喜連川《きつれがわ》町と氏家《うじいえ》町が合併して誕生した。地域内にサクラの名所が多いというのが命名の理由というが、どうも納得がいかない。

喜連川町の町名は、那珂川支流の荒川と江川《えがわ》が「来て連れ添う」ことに由来するといわれる。豊臣秀吉が名門・鎌倉公方系の足利氏存続のために足利国朝に喜連川の所領を与え、国朝は喜連川藩を立藩、自らの姓とした。もう1つの氏家町の由来は、古代の「氏部《うじべ》」に由来するという説と、2つの川に挟まれた「内江《うちえ》」の説がある。この氏家郷に平安末期、北面武士の流れをくむ宇都宮公頼《きみより》が土着して氏家姓を名乗った。喜連川、氏家ともに、よそでは滅多に見られない由緒ある地名だ。しかし、せっかくの貴重な地名が、味も素っ気もないひらがな地名によって葬り去られてしまった。

以下は、平成の大合併（2001〜2007年として）で生まれた、ひらがなの市町村、および現存するひらがな市町村（※以下）である。

●**北海道**……むかわ市、新ひだか町、せたな町、※えりも町（1970年）
●**青森県**……つがる市、おいらせ町、※むつ市（1960年）
●**秋田県**……にかほ市
●**茨城県**……かすみがうら市、つくばみらい市、※つくば市（1987年）、ひたちなか市（1994年）

●栃木県……さくら市
●群馬県……みどり市、みなかみ町
●埼玉県……さいたま市、ふじみ野市、ときがわ町
●千葉県……いすみ市
●東京都……※あきる野市（1995年）
●石川県……かほく市
●福井県……あわら市、おおい町
●愛知県……※みよし市（2010年）、あま市（2010年）
●三重県……いなべ市
●兵庫県……たつの市、南あわじ市
●和歌山県……みなべ町、※すさみ町（1955年）、かつらぎ町（1958年）
●香川県……東かがわ市、さぬき市、まんのう町
●徳島県……つるぎ町、東みよし町
●高知県……いの町

●**福岡県**……うきは市、みやま市、みやこ町
●**佐賀県**……みやき町
●**熊本県**……あさぎり町
●**鹿児島県**……いちき串木野市、南さつま市、さつま町
●**沖縄県**……うるま市

前述したちの町のほか、消滅したひらがな市町村には、びわ町（現・滋賀県長浜市）、むつみ村《そん》（現・山口県萩市）があったが、どちらも平成の大合併で姿を消した。なお、ひらがなが入るという点では、伊豆の国市（静岡県・2005年）、紀の川市（和歌山県・2005年）のケースもある。

カタカナ市町村では、平成の大合併で誕生した南アルプス市（山梨県）と、1964年町制施行のニセコ町（北海道）が現存する。以前はマキノ町（滋賀県）があったが、平成の大合併で高島市となった。また、沖縄県には米軍統治時代からのコザ市があったが、1974年、合併により沖縄市となった。

5 「山県」「郡上」「海津」――郡名こそ古代から受け継がれた地名

郡名採用の新市町村

合併に際しては、どの自治体も新市町村名に最も神経を使う。各町村のさまざまな思惑も絡んでくるだけに簡単にはことが運ばない。

手っ取り早く県の頭文字と方位を表す文字を使って自治体名としたところ、「愛西《あいさい》市」と「愛南《あいなん》町」という非常に紛らわしい都市名が、互いに遠く離れた場所で生まれた。

愛西市は愛知県西部からとった味も素っ気もない地名だが、愛西は「愛妻」に通じるとして、地元ではけっこう評判がいい。一方の愛南町は、愛知県の南ではなく、愛媛県南部で誕生した都市名である。

なお、愛媛県では、伊予国の東を意味する東予《とうよ》市が合併によって消滅したかと思ったら、代わって「西予《せいよ》市」が新たに生まれるという珍現象も発生している。

さて、新市町村名には郡名を使用するのが、最も適切な命名法だと考える。郡名はほとんどが古代から伝わる由緒正しい地名で、その地域に共通したなじみのある地名でもあるからだ。

平成の大合併では、ひらがなの市町村名や、西東京市とか北名古屋市などのように大都市に隣接していることをアピールする市名、はたまた山梨県南アルプス市や栃木県さくら市、群馬県みどり市、高知県黒潮《くろしお》町などのように、地名と店の屋号を混同しているとしか思えない都市名が登場した。これに対して、オーソドックスに郡名を採用した自治体も多かったのが、せめてもの救いだろう。

なかでも岐阜県では、山県《やまがた》市（山県郡3町村合併）、郡上《ぐじょう》市（郡上郡7町村合併）、本巣《もとす》市（本巣郡4町村合併）、海津《かいづ》市（海津郡3町合併）の4市が郡名を新市名にしている。このうち、本巣郡を除く3郡は市制施行で郡が消滅したので、郡名が市名に採用された意義は大きい。この背景には、地元の地名文化研究会が地名の大切さを訴え、県下の全市町村に対して、新市町村名には郡名を採用するのが望ましいとの要望書を提出したことにある。

郡名の採用は賢い命名法といえるが、ひらがなでは本当の郡名とは言い難い。

6 かつてなくバリエーションが豊かに——自治体名、旧国名、郡名の連結地名

合成地名の新方程式

明治と昭和の大合併では、おびただしい数の合成地名が生まれた。しかし、平成の大合併では新しく誕生した約５５０の市町村のうち、合成地名は10％にも満たなかった。地名の持つ意義、重要性が広く世間に理解されてきたのかもしれない。

合成地名が少なかった理由の1つに、一般公募によって新市町村名を決めるケースが多かったことがあげられる。

昭和以前の時代では、一般公募などは到底考えられず、行政が密室の中でこっそり決めてしまうのが当たり前だった。政府からも「対等合併の場合は住民感情を配慮し、それぞれの町村から1字ずつとって、それを新市町村名にせよ」というお達しが出されていた。要するに、合成地名にすることが半ば強制されていたのである。

一方、最近の合併では「開かれた行政」をアピールする意味もあってか、新しい市

町村名は公募で決めるのが一般的になっている。その土地の歴史が感じられない語呂合わせのような合成地名は住民に不人気であり、選にもれるというわけだ。

もっとも、合成地名であっても年月を経ると、さも伝統地名のように感じられるから不思議なものだ。愛知県の稲沢市は、明治の大合併以前、というより明治維新から間もない1875（明治8）年に、稲葉村と小沢村が合併して稲沢村となったことが始まりだ。同じく愛知県の蒲郡市は、1878年に蒲形《かまがた》村と西之郡《にしのこおり》村が合併した蒲郡村が引き継がれている。明治の大合併の例としては、JRの駅名にもある千葉県習志野市の津田沼は、合併した5村のうち、中心となる谷津《やつ》村、久々田《くぐた》村、鷺沼村から1字ずつとって津田沼村ができたことによる。

一方、平成の大合併では、このような1字ずつの合成地名のほか、合併する2つの自治体名を連結したり、旧国名、郡名などと連結したりする地名が目についた。南那須町と烏山町が合併した那須烏山市（栃木県）、串木野市と市来町の合併によるいちき串木野市（鹿児島県）、また、広島県高田《たかた》郡6町の合併では旧国名と郡名を連結させて安芸高田市となった。薩摩川内市、京丹後市、常陸大宮市なども同様だ。

7 「南アルプス市」「吉野ケ里町」——知名度に便乗した地名

市町村の合併では、合併そのものの難しさと同時に、新市町名の命名の難しさが伴う。これまで見てきた法則に、1字ずつとった合成地名、自治体名や郡名、旧国名と連結させた合成地名、既存の市との重複を避けたり、住民感情をなだめたりするためのひらがな地名などがあった。

平成の大合併では、また別の命名法が出てきたような感がある。それは、すでに知名度の高い場所や山・川などの名称をつけるという方法だ。うまく当てはまれば全国的にアピールできるが、外せば合併そのものに影響を及ぼす。

6章で愛知県の幻の新市名「南セントレア市」を紹介したが、もし実現すれば新空港開業とあわせて注目を浴びただろうし、2つ目のカタカナ市名にもなっていた。その前に誕生した南アルプス市（山梨県）も知名度優先だが、2003年に県西部の中《なか》巨摩《こま》郡6町村の合併に際し、一般公募で1位だった地名が選ばれた。そのため住民の不満もないし、公募で上位だった「巨摩野」よりも訴求性が高いのかもしれない。なお、日本初のカタカナ市名は前述のとおり、沖縄県コザ市（現・沖縄市）である。

地名度優先、幻の新市名、アルプスときて、共通する例が長野県にある。県南部の駒ヶ根市、飯島町、中川村の3市町村は2006年3月の合併を前提に、合併協議会で新市名を「中央アルプス市」に決定した。しかし、合併の是非を問う住民投票で否定され、合併が白紙に戻ってしまった。3市町村ともそのままの形で現存する。

千葉県では成東《なるとう》市などの合併協議会が、新市名を「太平洋市」と決めたが、市域が太平洋にわずかしか面していないため、「もの笑いの種になる」と批判を恐れて撤回している。秋田県では、能代市ほか6町村の合併による新市名を「白神市」に決定した。しかし、もともと白神は青森県の地名のため青森県から猛抗議を受け、また、世界遺産登録地域が地域に含まれていないことから、合併が破談になった。

合併に至った知名度優先地名には、おいらせ町、千曲市、白山市、四万十市・四万十町、吉野ケ里町などがある。県名をつけなくても、大体の場所はわかるだろう。

8 小さな町の「合併しない宣言」が波紋を起こす

合併反対の意見

国による半ば強制的ともいえる合併誘導策に抵抗し、自立の道を選択した自治体も少なくない。その先導役になったのが、矢祭町《やまつり》という福島県南端にある人口7000人あまりの過疎の町だ。

矢祭町議会は、2001年10月の臨時議会で、「市町村合併をしない矢祭町宣言」を全会一致で可決した。「『昭和の大合併』騒動では、血の雨が降り、お互いが離反し、40年過ぎた今日でもその痼《しこり》は解決していない」（同宣言より）ことを教訓に、「歴史・文化・伝統を守り」「自立できる町づくりを推進する」意志を宣言したのである。この勇気ある決断は、全国に大きな波紋となって広がり、合併に慎重な姿勢をとっていた自治体を大いに勇気づけた。

矢祭町では、「合併すれば合併特例債などの優遇措置が受けられ、合併後も一定期間は合併前の財源も保障される。だが、それだけで過疎化の解決策にはならない。合併して行政区域が広くなれば、財政が豊かになり、ムダがなくなるという発想はおかしい。市町村合併すれば、住民サービスは薄くなるばかりだ。過疎地の住民にとっては、ますます住みにくい町や村になるだろう」という持論を展開した。

「自立できる町づくり」を推進する矢祭町の施策に賛同する町村が、各地で続々と名乗りを上げた。そして矢祭町には、全国の町村からの視察が相次いだのである。その大半が過疎に悩む町や村であった。

2003年2月21～23日、矢祭町長の呼びかけで、長野県栄《さかえ》村において「小さくても輝く自治体フォーラム」が開催された。これには、国が推進する市町村合併に反対、もしくは疑問を抱く町村長46人と、110あまりの自治体から600人を超える議員、役場の職員らが一堂に会し、「市町村合併は田舎の切り捨てだ」などと口々に叫んで気勢を上げた。

その後、法定合併協議会から離脱する町村は増加し続け、自治体数を1000程度にまで減らすという政府の当初の目論見は大きく狂うことになった。

9 地名は、尊重すべき無形文化財である

住居表示制度

最後に、平成の大合併関連ではないが、地名に大きな影響を及ぼす法令を見てみる。市町村合併によって、数多くの地名が失われてきたが、それよりもさらに深刻な事態を招いたのが、1962（昭和37）年施行の住居表示法（住民表示に関する法律）ではないだろうか。戦後になって都市が復興し拡大していく中で、町の区画が複雑かつ不明確、土地と地番の並びがそろわない、同一の町名・字名がある、といった問題が生じ、行政事務や郵便配達に支障を来すようになってきた。

そこで、複雑な町域を再編成し、住居をわかりやすく表示しようと企図したのが住居表示表に基づく住居表示制度である。この制度は、従来「市町村名＋大字小字＋地番」で表していた住所を、「市町村名＋町名＋○丁目○番○号」というように数字を入れて表すようにするもの。たとえば、「西京市大字春日字宮前1326番地」とい

う住所が「西京市春日3丁目6番12号」に簡略化されるわけである。

住居表示制度は大都市から進められていき、現在はかなり小さな町にまで導入されている。確かに、ある面では機能的な住所表示の方法かもしれないが、この制度により、地域によっては地名が10分の1以下に激減したところもある。

この制度によって、数百年の間脈々と受け継がれてきた伝統的な地名が、どれほど失われたことだろう。文化財は、まずは形のあるものが大切に扱われる傾向にある。しかし、無形であるものこそ、地域の歴史や文化を継承していく意味において、より大切に保存されるべきではないだろうか。

住居表示制度が導入されて以降、縁もゆかりもない地名がつけられたり、旧来のコミュニティが壊されたりすることに対して、住民の反発が相次いだ。また、全国各地で有志たちが地名の保存運動を展開した。その功あって、一部ではあるが法律を改正させるまでにいたった。しかし、最終的な決断を下す権限を持つ地方議会の議員、行政に携わる自治体職員に、どれだけの見識があるのかは大いに疑問である。

地名の価値、そして地名を残すことの意義を再認識してほしいものだ。

参考文献

『世界大百科事典』（平凡社）
『日本地名大百科』（小学館）
『コンサイス日本地名事典』谷岡武雄・山口恵一郎（三省堂）
『日本地名ルーツ辞典』池田末則・丹羽基二（創拓社）
『日本地名事典』吉田茂樹（新人物往来社）
『角川日本史辞典』朝尾直弘・宇野俊一・田中琢（角川書店）
『全国市町村要覧』市町村自治研究会（第一法規出版）
『今がわかる時代がわかる日本地図』成美堂出版編集部（成美堂出版）
『日本地名学を学ぶ人のために』吉田金彦・細井通浩（世界思想社）
『こんな市名はもういらない！』楠原佑介（東京堂出版）
『日本の地名』吉田茂樹（ナツメ社）
『地名の由来を知る事典』武光誠（東京堂出版）
『県民性の日本地図』武光誠（文藝春秋）

『「地名のいわれ」が一気にわかる本』浅井建爾（成美堂出版）
『関東人の思い込み、関西人の言い訳』浅井建爾（成美堂出版）
『大人のための日本地理』浅井建爾（日本実業出版社）
新郵便番号簿
各市町村郷土資料

本書は、日本実業出版社より刊行された『日本の地名 雑学事典』を、文庫収録にあたり加筆・改筆、改題したものです。

浅井建爾（あさい・けんじ）

1945年愛知県生まれ。地理、地図研究家。日本地図学会会員。子供のころから地図に興味を持ち、二十代のときに自転車で日本一周を完遂。

ベストセラーになった『日本全国「県境」の謎』のほか、『知らなかった！「県境」「境界線」92の不思議』『「県境」&「境界線」の謎』『地図に隠れた日本の謎』（以上、実業之日本社）、『東京の地理と地名がわかる事典』（日本実業出版社）、『本当は怖い京都の地名散歩』（PHP研究所）、『くらべる地図帳』（東京書籍）、『誰かに教えたくなる道路のはなし』（SBクリエイティブ）、『日本全国境界未定地の事典』（東京堂出版）、『東京23区境界の謎』（自由国民社）、『ビジュアル 都道府県別 日本の地理と気候〔全3巻〕』（ゆまに書房）、『日本の駅名 おもしろ雑学』（三笠書房《知的生きかた文庫》）など著書多数。

知的生きかた文庫

日本《にほん》の地名《ちめい》 おもしろ雑学《ざつがく》

著者 浅井《あさい》建爾《けんじ》

発行者 押鐘太陽

発行所 株式会社三笠書房

〒一〇二－〇〇七二 東京都千代田区飯田橋三－三－一

電話〇三－五二二六－五七三四〈営業部〉

〇三－五二二六－五七三一〈編集部〉

https://www.mikasashobo.co.jp

印刷 誠宏印刷

製本 若林製本工場

ISBN978-4-8379-8703-1 C0130

知的生きかた文庫

関東と関西 ここまで違う！ おもしろ雑学

ライフサイエンス

永遠のライバル、関東と関西！ 食べ物や言葉づかい、交通、ビジネスなど、さまざまな観点から両者を徹底比較！ 違いの背景にある、意外なウラ話をお楽しみあれ！

時間を忘れるほど面白い 雑学の本

竹内 均【編】

1分で頭と心に「知的な興奮」！ 身近に使う言葉や、何気なく見ているものの面白い裏側を紹介。毎日がもっと楽しくなるネタが満載の一冊です！

アタマが1分でやわらかくなる すごい雑学

坪内忠太

「飲み屋のちょうちんは、なぜ赤色か？」「朝日はまぶしいのに、なぜ夕日はまぶしくないか？」など、脳を鍛えるネタ満載！ どこでも読めて、雑談上手になれる1冊。

日本の駅名 おもしろ雑学

浅井建爾

マニアもそうでない人も楽しめる、おもしろネタ、不思議ネタ、びっくりネタ！ 駅にちなむ地理・歴史のエピソードが満載。全項目に、ひと目でわかる路線図つき。

思わず誰かに話したくなる 鉄道なるほど雑学

川島令三

路線名から列車の種別、レールの幅までウンチク満載！ マニアも驚きのディープな世界を、鉄道アナリストの第一人者が解説。鉄道がますます好きになる本！

C50416